Liebe Leserinnen und Leser,

Christoph Matschie

wo begann die Reformation? In Thüringen. Genauer gesagt in Stottern-heim. Im Norden der Stadt Erfurt nämlich geriet der junge Jura-Student Martin Luther in ein Gewitter. Aus Dank dafür, dass er nicht vom Blitz getroffen wurde, löste er ein Gelübde ein. Am 17. Juli 1505 klopfte er an die Pforte des Erfurter Augustinerklosters. Martin Luther wurde Mönch. Hier nahm seine Auseinandersetzung mit Glaube und Kirche ihren Anfang.

Heute noch können wir den Spuren Luthers in Erfurt nachgehen. Dazu lädt die Altstadt von Erfurt ein. Viele Kulturdenkmäler sind bis heute erhalten. Die ökumenische »Luther-Meile« verbindet sie. Luthers »Studentenwohnheim«, die Georgenburse, gibt mit einer Ausstellung Einblicke in das Studentenleben im Mittelalter. Sie ist zugleich Ort der Einkehr für Pilger. Im Herzen des »lateinischen Viertels« befindet sich mit dem Collegium maius das Hauptgebäude der damaligen Universität. Reformatorisches Erbe lebt: auch im Augustinerkloster. Als Tagungs- und Begegnungsstätte ist es ein Anziehungspunkt für Touristen aus aller Welt. Von diesem Ort war auch Papst Benedikt XVI. bei seinem Besuch im September 2011 fasziniert.

Collegium maius und Augustinerkloster sind nur zwei von sieben Stätten in Thü-ringen, die mit dem Kulturerbesiegel für die Stätten der Reformation ausgezeichnet wurden. Dazu zählen neben der Wartburg auch das Lutherhaus und die Georgenkirche in Eisenach, die Bartholomäikirche in Altenburg und das Panoramamuseum in Bad Frankenhausen.

Und deshalb stimmt es: Thüringen ist Lutherland. Vor nun fast 500 Jahren begann hier mit der Reformation ein gesamtgesellschaftliches Modernisierungsvorhaben. Kaum ein Ort ist besser geeignet als Erfurt, um diesen Anfängen nachzuspüren.

Viel Spaß beim Lesen und ein herzliches Willkommen in Erfurt
wünscht Ihnen

Ihr

Christoph Matschie
Thüringer Minister für Bildung, Wissenschaft und Kultur

T0119195

Inhalt

MITTELALTER- UND KULTURSTADT — *Mariendom und Severikirche bilden die beeindruckende Kulisse vieler Veranstaltungen von den Domstufen-Festspielen bis hin zum Weihnachtsmarkt.*

UNIVERSITÄTSSTADT — *Das Collegium maius war einst Hauptgebäude der Universität Luthers, die 1379 das erste Gründungsprivileg im heutigen Deutschland erhielt.*

BLUMENSTADT — *Erfurt genießt seit Langem den Ruf einer Blumenstadt. Heute steht hierfür besonders der egapark mit dem Deutschen Gartenbaumuseum.*

Willkommen in der Lutherstadt Erfurt

In Erfurt lässt es sich gut auf Luthers Pfaden wandeln. Die lebendige Mittelalter-Metropole hat aber noch viel mehr zu bieten

VON ANDREAS BAUSEWEIN

In Erfurt gibt es für Groß und Klein viel zu entdecken

Ein Sprichwort besagt, dass alle Wege nach Rom führen. Ob dem so ist, sei dahingestellt. In jedem Fall führt von Erfurt aus ein Weg nach Rom, den zu gehen heute weit einfacher ist als anno 1510, dem Jahr, als Martin Luther von Erfurt aus zu seiner Romreise aufbrach.

Das Bild eines ebenso kämpferischen wie überzeugenden Martin Luther, der die Gepflogenheiten der Kirche hinterfragte, der es fertigbrachte, gegen den Papst aufzubegehren und den Glauben zu reformieren, haftet fest in unseren Köpfen. Deshalb können wir uns kaum noch vorstellen, dass diese schon zu Lebzeiten zur Legende gewordene Persönlichkeit einmal als junger bescheidener Schüler im Jahr 1501 in die damals berühmte Universitätsstadt Erfurt zog, um zunächst die Sieben Freien Künste zu studieren.

Das »Tolle Jahr«, in dem die Erfurter gegen die patrizische Ratsherrschaft aufbegehrten und den damaligen Obervierherren aufgrund leerer Stadtkassen

erhängten, war gerade vorbei, als die nächsten Unruhen bereits vor der Tür standen. Zwischen den Studierenden und Einwohnern kam es zu bewaffneten Auseinandersetzungen, und die einstmals von den Bürgern dieser Stadt gegründete Universität nahm ebenso wie ihre Bibliothek im Laufe des Konflikts Schaden. In der Folge wurde ab 1511 das Collegium maius der Universität im Herzen der Stadt wiedererrichtet.

Heute beherbergt das Collegium maius das Kirchenamt der Evangelischen Kirche in Mitteldeutschland, ist ein beliebter Veranstaltungsort und Ausgangspunkt zahlreicher Stadtführungen. In der gegenüberliegenden Michaeliskirche, seit 1392 Universitätskirche, nahm Martin Luther während seines Studiums regelmäßig an den Messen teil, 1522 hielt er dort eine Predigt. Während seiner Studentenzeit wohnte Luther in der unweit entfernt liegenden Georgenburse am Breitstrom und ab 1505 als Mönch im Augustinerkloster.

Diese und andere Lutherstätten lassen sich, wie die gesamte Erfurter Innenstadt, am besten zu Fuß entdecken. Nicht selten wandelt man dabei auf Luthers

Der sechsfache Vater Luther würde heute sicher mit Interesse auf das Kindermedienzentrum Erfurt schauen.

Pfaden. Wenn wir heute die Tischreden des gelehrten Doktors bewundern, sollten wir nicht vergessen, dass er selbst hier in seiner Erfurter Burse wohl zum ersten Mal am Tisch eines Gelehrten saß und dem Gedankenflug eines Universitätsprofessors zu folgen versuchte; dass er hier, zwischen Schwerborn und Stotternheim, in das für seine späteren Gewissensentscheidungen so folgenschwere Gewitter geriet; und dass er hier Bettelmönch und später Priester wurde. Erfurt steht am Anfang des bahnbrechenden Weges, den Martin Luther gegangen ist: Die Grundlagen seiner akademischen Bildung, die Bindung an den Orden der Augustiner-Eremiten und seine Rolle als Prediger haben hier ihren Ursprung.

Die Kontakte Luthers nach Erfurt rissen auch später nie ab. Martin Luther mag aus heutiger Sicht zwar der berühmteste Student der Erfurter Universität gewesen sein. Große, von den Bürgern der Stadt beachtete und gefeierte Besuche gab es aber natürlich erst mit der Reformation. Auf dem Weg zum Wormser Reichstag geriet seine Erfurter Station vom 6. zum 7. April 1521, insbesondere seine Predigt in der Augustinerkirche, zu einem regelrechten Triumphzug. Am 21. Oktober 1522 predigte er in der Michaeliskirche und am folgenden Tage zweimal in der Kaufmannskirche. 1529, auf der Rückreise vom Marburger Religionsgespräch, predigte er in der Barfüßerkirche. Es folgten noch zwei letzte Besuche 1537 und 1540.

Was würde Martin Luther sagen, wenn er das heutige Erfurt sehen würde? Ganz sicher wäre er erstaunt, wie sich die Stadt auf der einen Seite verändert und weiterentwickelt, auf der anderen Seite aber ihr historisches Erbe bewahrt hat. Im Studentenzentrum Engelsburg könnte er heute wie damals ein Bier genießen, in der Michaeliskirche einen Gottesdienst besuchen, in der Georgenburse in das studentische Leben des Mittelalters eintauchen und im Augustinerkloster Quartier beziehen. Und er würde eine Ökumene erleben, die seinerzeit nicht

denkbar war. Wahrscheinlich wäre er erstaunt, welch hohen Stellenwert wir der Pflege der jüdischen Geschichte und Tradition Erfurts beimessen. Er könnte eine Synagoge entdecken, die älter ist als das Erfurt, das er kannte, die aber seinerzeit in Vergessenheit geraten war. Ganz sicher wäre es spannend, darüber mit ihm ins Gespräch zu kommen.

Während das mittelalterliche Erfurt seinen Wohlstand aus dem Handel mit Waid bezog, würde Luther heute neue Waren und andere Formen des Handels auf den alten, ihm bekannten Wegen kennenlernen. Ganz sicher wäre er, dessen Bibelübersetzung dank der Erfindung des Buchdrucks einen bis dahin unbekannten Verbreitungsgrad erreichte, außerordentlich interessiert an der Medienbranche, die eine der wichtigen wirtschaftlichen Kernkompetenzen der Landeshauptstadt ist. Und wahrscheinlich würde er, der Vater von sechs Kindern, einen interessierten wie kritischen Blick auf die Entwicklung der Kindermedien werfen, den Schwerpunkt der ansässigen Medienunternehmen, deren Flaggschiff zweifelsohne die KI.KA ist, der Kinderkanal von ARD und ZDF.

Die Erfurt Tourismus & Marketing GmbH bietet unter dem Titel »Martin Luther in Erfurt« Stadtführungen an. Für Stadtführer wie Historiker wäre es zweifelsohne ein Vergnügen, diesen Rundgang gemeinsam mit Luther zu absolvieren. Viele Lutherstätten und Stationen könnte er mit Fakten und Anekdoten bereichern. Da dies aber leider nicht möglich ist, braucht es anschauliche Zeugnisse, mittels derer man Geschichte erleben kann: voran die authentischen Orte Georgenburse und Augustinerklos-

ter oder auch die geplante Dauerausstellung im Stadtmuseum. Unter dem Titel »Tolle Jahre – An der Schwelle der Reformation« wird das Museum erstmals einen weiten Überblick über die wirtschaftlichen und sozialen Verhältnisse geben, die der Student Martin Luther in Erfurt vorgefunden hat und die ihn grundlegend prägten.

Was also bleibt? Es bleibt das Vermächtnis Martin Luthers als eines starken, geistreichen, werbenden Predigers und Mahners. Er predigte auch hier in Erfurt die Lehre von der Gnade Gottes, die allein den Menschen rechtfertigt; er sah Christus nicht als Richter, sondern als Vermittler zwischen Gott und den Menschen und stellte den Glauben der Magd, eines Müllers oder eines Kindes gleichberechtigt neben den eines Vornehmen. Und so ist Erfurt eine Stadt mit bedeutender mittelalterlicher Prägung, auch eine Stadt mit einer starken evangelischen Tradition, die hier wie anderswo langsam, aber stetig in einen fruchtbringenden Dialog der großen Konfessionen mündet.

Seien Sie herzlich in dieser lebendigen Lutherstadt willkommen. ●

▸ **ANDREAS BAUSEWEIN** ist Oberbürgermeister der Stadt Erfurt.

STADTFÜHRUNG

*Ein Gang durch die historische Altstadt Erfurts
zu Orten des jungen Luther und der Reformation.
Es locken Luthers Universität und Kloster,
Kirchen, Synagogen, Humanistenstätten, Museen
und vieles andere. Dazu: Gastrotipps aus dem
Bratwurst- und Kloßland Thüringen*

Der erste Schritt zum Reformator

Die Spuren des Studenten, Magisters und Mönches Luther lassen sich bis heute in der Mittelalter-Metropole verfolgen

VON STEFFEN RASSLOFF

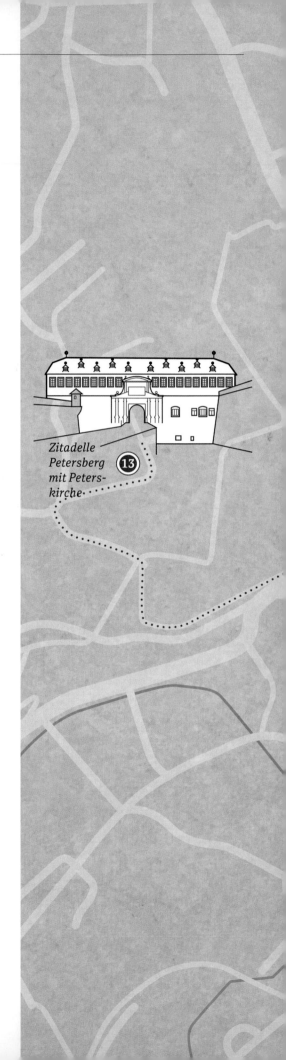

Zitadelle Petersberg mit Peterskirche ⑬

Erfurts gut erhaltene Altstadt macht es leicht, sich in die Zeit um 1500 hineinzuversetzen. Die pulsierende Metropole zählte mit fast 20.000 Einwohnern zu den größten Städten des Reiches. Von 1501 bis 1511 lebte hier der junge Martin Luther. Er schwärmte vom »türmereichen Erfurt« mit seinen zwei Mauerringen und über 40 Kirchen. Man findet im »Rom des Nordens« bis heute zahlreiche Spuren des Studenten, Magisters und Mönches. Der vielleicht schicksalhafteste Erinnerungsort liegt allerdings rund 10 km nördlich. Die Legende besagt, dass den Studenten der Rechte auf einem Fußmarsch aus dem Elternhaus in Mansfeld am 2. Juli 1505 bei Stotternheim fast der Blitz erschlagen hätte. In seiner Todesangst will er gelobt haben, Mönch zu werden. Luther begab sich nun im Augustinerkloster auf die Suche nach seinem »gnädigen Gott«, die in die reformatorische Theologie einmündete. Auch von Wittenberg ließ der Reformator die Kontakte nach Erfurt nicht abreißen. Bis 1540 griff er mehrfach in das turbulente Reformationsgeschehen ein.

① Unser Rundgang beginnt am einstigen Hauptgebäude der Universität Erfurt (▸ S. 22), dem <u>Collegium maius</u> in der Michaelisstraße. Hier schlug das Herz des »lateinischen Viertels« mit seinen

Georgenburse ②

Augustinerkloster ③

Collegium maius ①

Stadtmuseum ⑤

Engelsburg ⑪

Alte Synagoge ⑩

Krämerbrücke ④

Rathaus ⑨

Dom ⑫

Predigerkirche ⑧

Kaufmannskirche
und Luther-Denkmal ⑥

Barfüßerkirche ⑦

Universität und Augustinerkloster in Erfurt sind die geistigen Prägestätten Luthers. Die Metropole voller gesellschaftlicher und religiöser Spannungen stellt einen zentralen Erfahrungshorizont für den späteren Reformator dar.

▶
Rund um das Collegium maius in der Michaelisstraße erstreckte sich einst das »lateinische Viertel« der Universität

Kollegien, Bursen und der Universitätskirche (Michaeliskirche). Die Immatrikulation des 17-jährigen »Martinus Ludher ex Mansfeldt« 1501 stellt das erste verbürgte Datum seiner Biographie dar. Luther bezeichnete die Erfurter Universität später als »meine Mutter, der ich alles verdanke«. Neben ihr nähmen sich alle übrigen Universitäten wie »kleine Schützenschulen« aus. Nach der Schließung der Universität 1816 sah das Collegium maius diverse Nutzungen. 1945 wurde es im Bombenkrieg zerstört. Auf Initiative der Universitätsgesellschaft

Die älteste Universität Deutschlands?

Erfurt kann auf das älteste Universitäts-Gründungsprivileg in Deutschland verweisen. Die Bürgerschaft hatte es 1379 von Papst Clemens VII. in Avignon erhalten. Während des großen Schismas mit zwei Päpsten musste es aber aus politischen Gründen von dessen Konkurrenten Urban VI. in Rom 1389 erneuert werden, woraufhin 1392 der Lehrbetrieb begann. Unterdessen hatten in Heidelberg (1386) und Köln (1388) Universitäten eröffnet. Deshalb galt Erfurt lange als drittälteste Universität im heutigen Deutschland. Jüngere Forschungen sprechen aber dafür, das Gründungsprivileg von 1379 als »Geburtsurkunde« zu betrachten. Damit wäre Erfurt die älteste Universitätsstadt.

Erfurt, die auch die Neugründung der Universität 1994 initiiert hat, kam es zum Wiederaufbau. Seit 2011 ist hier das Kirchenamt der Evangelischen Kirche in Mitteldeutschland untergebracht.

② Wir richten unsere Schritte Richtung Norden durch die lebendige Altstadtstraße mit ihren Kneipen und Restaurants. Bald zweigt rechts die Augustinerstraße ab. Kurz vor der Lehmannsbrücke über die Gera führt links ein schmaler Fußweg in den Hinterhof eines Neubaus. Dort befindet sich die Georgenburse. Bursen waren die mittelalterlichen Studentenwohnheime. Hier lebten Studenten und Lehrer nach klosterähnlichen Ordnungen zusammen. Luther verbrachte sein Studium der Philosophie von 1501 bis 1505 wahrscheinlich in der Georgenburse. Heute ist hier die Begegnungs- und Bildungsstätte »Georgenburse Erfurt – Studienort der Lutherzeit« mit einer ökumenischen Pilgerherberge untergebracht. Eine Ausstellung macht die Lutherstätte und das mittelalterliche Universitätsleben lebendig.

③ Von der Georgenburse ist es, vorbei am Nikolaiturm mit der Elisabethkapelle, nur ein Katzensprung bis zur nächsten Lutherstätte. In das Augustinerkloster (▶ S. 26) trat Luther nach dem Stotternheimer »Gewittererlebnis« (▶ S. 24) am 17. Juli 1505

▲
Die Krämerbrücke
ist beidseitig mit
Häusern bebaut. Links
sieht man die Ägidien-
kirche, eine von einst
zwei Brückkopfkirchen

▶
Seit 1889 steht der
Reformator uner-
schütterlich vor der
Kaufmannskirche

ein, um sein Mönchsgelübde einzulösen – eine ent-
scheidende biographische Zäsur für den späteren
Reformator. Bis zum endgültigen Umzug nach Wit-
tenberg 1511 blieb das Kloster Luthers Wirkungs-
ort. Heute erfreut sich die evangelische Tagungs-
und Begegnungsstätte internationaler Beliebtheit.
Durch das historische Treffen von Papst Benedikt
XVI. mit der Evangelischen Kirchenleitung am 23.
September 2011 ist das Augustinerkloster auch ein
Symbolort der Ökumene geworden.

④ Durch die »Luther-Pforte« verlassen wir das
Augustinerkloster. In der Comthurgasse prangt das
prächtige Gebäude des Deutschen Ritterordens.
Entlang der Schildchengasse geht es zu einer Grün-
anlage an der Gera. Bald stehen wir vor einem der
meistfotografierten Motive Erfurts, der Krämerbrücke. An der Stelle einer für die Stadt namensge-
benden Furt durch die Gera entstand früh eine hölzerne Brücke. Nach mehrfachen Bränden erfolgte
1325 ein steinerner Neubau. Als einzige beidseitig
bebaute Brücke nördlich der Alpen, an deren Brü-
ckenköpfen einst zwei Kirchen standen, gehört die
Krämerbrücke zu den touristischen Highlights in
Erfurt. Ein Bummel durch die malerische Brücken-
Gasse mit ihren kleinen Geschäften, Cafés und
Weinstuben gehört heute zu jedem Stadtrundgang.

⑤ Vom Wenigemarkt schlagen wir den Weg
durch die Futterstraße ein, wo einstmals die Fuhr-
unternehmer ihre Pferde versorgen konnten. Links
zeichnet sich die klassizistische Fassade des Kultur-
und Kongresszentrums »Kaisersaal« ab, in dem
Napoleon 1808 seinen Erfurter Fürstenkongress
abgehalten hat und 1891 das wegweisende Erfurter
Programm der SPD beschlossen wurde. An der Ein-
mündung in die Johannesstraße ist der Renais-
sance-Prachtbau des »Hauses zum Stockfisch« zu
sehen. Im hier untergebrachten Stadtmuseum wird
die reiche Erfurter Geschichte lebendig (▶ S. 30).
Der auf älteren Fundamenten ab 1607 errichtete
»Stockfisch« gehörte einst dem Waidhändler Paul
Ziegler. Waid galt als das »blaue Gold« der Erfurter,
die das begehrte Blaufärbemittel in viele Länder
Europas lieferten. Für die mittelalterliche Blütezeit der Handels- und Messestadt spielte es eine
zentrale Rolle.

⑥ Von der Johannesstraße gelangt man direkt
auf die beliebteste Einkaufs- und Flaniermeile Erfurts, den Anger. Wir passieren dabei die Kaufmannskirche mit dem davorstehenden Luther-
Denkmal. Seit 1889 blickt die massive Bronzegestalt
von Fritz Schaper unerschütterlich von ihrem Gra-
nitsockel. An diesem kann man Bronzereliefs mit

drei Episoden aus Luthers Erfurter Zeit sehen: der Student in der Georgenburse, der Abschied ins Augustinerkloster und der Empfang auf dem Weg zum Wormser Reichstag 1521. Die Kaufmannskirche, in der Luther 1522 predigte, war ein wichtiger Schauplatz der Reformation. Später gaben sich hier die Eltern von Johann Sebastian Bach das Jawort.

Wir folgen dem Verlauf des Angers, auf dem im Mittelalter Waid verkauft wurde. Von Interesse ist besonders das Angermuseum mit seiner beachtlichen Kunstsammlung an der Ecke zur Bahnhofstraße. Am Hirschgarten zieht die barocke kurmainzische Statthalterei, in der einst Karl Theodor von Dalberg residierte, die Blicke auf sich. Dalberg zog Goethe, Schiller, Humboldt und viele andere Geistesgrößen in seinen aufklärerischen Kreis nahe dem klassischen Weimar. Vor der heutigen Thüringer Staatskanzlei biegen wir rechts in die Meister-Eckehart-Straße. Hier lohnen sich Abstecher in die beiden großen Bettelordenskirchen, die ⑦ Barfüßerkirche (▸ S. 69) und die ⑧ Predigerkirche (▸ S. 65). Nachbar der Predigerkirche ist das Evangelische Ratsgymnasium, das 2011 sein 450. Gründungsjubiläum feiern konnte.

»Erfurt steht am besten Orte, ist eine Schmalzgrube. Da müsste eine Stadt stehen, wenn sie gleich wegbrennete.«

MARTIN LUTHER

⑨ Durch die Predigerstraße erreichen wir den Fischmarkt mit seinen prächtigen Bürgerhäusern und dem neogotischen Rathaus. An dessen Stelle stand das alte Rathaus, Machtzentrum der mittelalterlichen Metropole. Ein Rat aus Vertretern der bürgerlichen Oberschicht hatte seit Mitte des 13. Jahrhunderts dem Mainzer Erzbischof weitgehende Autonomie abgerungen. Wesentliche Grundlage hierfür war der große Wohlstand der Handelsstadt am Kreuzungspunkt wichtiger Fernstraßen, wie der Via Regia. Erfurt konnte dem Landesherrn am Rhein viele Herrschaftsrechte abkaufen oder pachten. Umgeben von einem großen eigenen Landgebiet genoss es praktisch den Ruf einer Reichsstadt. 1876 wurde der Rathausneubau fertiggestellt. In dessen Innerem präsentiert sich die Lutherstadt Erfurt des späten 19. Jahrhunderts. Luther findet

▲
Am Fischmarkt befindet sich das neogotische Rathaus

Domhügel bei Anbruch der Dunkelheit

Der jüdische Hochzeitsring ist das Highlight des »Erfurter Schatzes« in der Alten Synagoge

sich im Festsaal auf einem der großen historistischen Wandbilder zur Stadtgeschichte. Im Treppenhaus zeigt eine Serie von Wandbildern Episoden aus Luthers Leben in Erfurt.

⑩ Vom Fischmarkt sind es nur wenige Schritte bis zum Benediktsplatz mit der Tourist-Information (▶ S. 78). Wir biegen links in die Michaelisstraße und wenig später in die Waagegasse ein. Dort befindet sich die Alte Synagoge. Die einstige Synagoge mit Wurzeln bis ins 11. Jahrhundert wurde erst vor wenigen Jahren wiederentdeckt. Der blutige Pogrom von 1349 hatte die jüdische Gemeinde Erfurts ausgelöscht. Daraufhin war die Synagoge durch verschiedene Nutzungen bis zur Unkenntlichkeit überformt worden. Nach umfassender Sanierung steht die älteste vollständig erhaltene Synagoge Mitteleuropas seit 2009 Besuchern aus aller Welt offen. Das Museum zeigt wertvolle hebräische Schriften, geht auf die Geschichte des Hauses und der Erfurter Gemeinde ein. Hauptattraktion ist der »Erfurter Schatz«. Dieser wurde 1998 bei Bauarbeiten in der Michaelisstraße entdeckt. Er gehörte vermutlich einem jüdischen Bürger, der seine Habselig-

keiten während des Pogroms 1349 vergraben hat. Zu sehen sind tausende Silbermünzen und -barren, gotische Schmuckstücke und Geschirr von hoher Qualität. Die größte Bewunderung findet ein goldener jüdischer Hochzeitsring aus dem 14. Jahrhundert. Die Alte Synagoge bildet zusammen mit dem Mikwe-Ritualbad hinter der Krämerbrücke das Herzstück des jüdisch-mittelalterlichen Erbes, mit dem Erfurt den Titel UNESCO-Weltkulturerbe anstrebt.

⑪ Die Waagegasse mündet im weiteren Verlauf in die Allerheiligenstraße mit der Engelsburg. Das Studentenzentrum mit lauschigem Biergarten, Gastronomie und Veranstaltungskeller war einst Sitz des Erfurter Humanistenkreises um »Poetenkönig« Helius Eobanus Hessus. In dem mittelalterlichen Gebäudekomplex kann man sich aber nicht nur auf die berühmten »Dunkelmännerbriefe« (1515/17) berufen, zu deren Autoren mit Crotus Rubeanus ein Vertreter des Hessus-Kreises gehörte (▶ S. 50). Die Engelsburg gilt auch als Lutherstätte. Hessus und seine Freunde pflegten enge Kontakte zum Reformator, der hier mehrfach nächtigte. Als Luther 1537 auf der Reise von Schmalkalden nach Wittenberg ein heftiges Blasensteinleiden plagte, wurde er von seinem Freund, dem Arzt Georg Sturtz, in der Engelsburg gepflegt.

⑫ Von der Engelsburg gelangen wir durch die Marktstraße zum Domplatz mit dem Dom. Das imposante Ensemble von Mariendom und Severikirche auf dem Domberg bekrönte schon zu Luthers Zeiten das »türmereiche Erfurt« (▶ S. 60). Der Dom geht bis auf die Zeit des hl. Bonifatius zurück, dem »erphesfurt« seine urkundliche Ersterwähnung 742 verdankt. Der Missionar hatte Papst Zacharias um die Bestätigung des neuen Bistums Erfurt gebeten. Dieses wurde jedoch schon kurz darauf Mainz angegliedert. Um 1000 erlangte der Mainzer Erzbischof auch die weltliche Landesherrschaft über Erfurt. Im 14. und 15. Jahrhundert erhielt der Dom seine gotische Gestalt. Die heutige Kathedrale des katholischen Bistums Erfurt ist auch eng mit dem Werdegang Luthers verknüpft. Hier empfing der Augustinermönch 1507 seine Priesterweihe und hielt der junge Theologe 1509 Vorlesungen.

⑬ Vom Domplatz erreichen wir über eine steile Auffahrt die Zitadelle Petersberg. Sie war nach der Unterwerfung Erfurts durch den Mainzer Erzbischof 1664 errichtet und über Jahrhunderte vom Militär geprägt worden. Mittlerweile haben die Erfurter die Festung zurückerobert. Von den Wällen bieten sich herrliche Ausblicke über die Stadt. Die Geschichte des Petersberges reicht weit zurück.

Das einstige Peterskloster (▶ S. 60) gilt als bedeutender Ort der Kirchengeschichte. Es verweist auch auf die spannungsreiche Beziehung zwischen Martin Luther und Thomas Müntzer. Der radikale Reformator und Bauernkriegsführer Müntzer war vermutlich 1522 im Kloster als Lehrer tätig. 1524 ließ er in Erfurt seine »Deutsch-evangelische Messe« drucken. Vor der Entscheidungsschlacht des Bauernkrieges 1525 bei Frankenhausen schickte Müntzer einen letzten erfolglosen Hilferuf an die Stadt Erfurt. Heute ist von der Benediktinerabtei nur noch der imposante Torso der romanischen Peterskirche aus dem 12. Jahrhundert erhalten. Das Kloster war 1802 säkularisiert und 1813 während der Befreiungskriege weitgehend zerstört worden. Damit hatte Erfurt seine zweite Stadtkrone neben dem Dom verloren. ●

Von der Zitadelle Petersberg eröffnet sich ein herrlicher Blick über die Erfurter Altstadt mit dem Dom

▶ **DR. STEFFEN RASSLOFF**
 ist Historiker und Publizist in Erfurt. Er hat zahlreiche Veröffentlichungen zur Stadtgeschichte vorgelegt und Ausstellungen gestaltet, darunter die »Georgenburse Erfurt – Studienort der Lutherzeit«.

»Meine Mutter, der ich alles verdanke«

Martin Luther legte an der Universität Erfurt seine geistigen Grundlagen. Er war als Student und Lehrer tätig

VON JOSEF PILVOUSEK

Im Rathausfestsaal erinnert eines der Wandbilder an die stolze Alma mater Erfordensis mit ihren vier Fakultäten: Martin Luther steht für die Theologie, Helius Eobanus Hessus für die Philosophie, Henning Göde für die Rechte und Amplonius Ratingk de Berka für die Medizin (v.l.n.r.)

Martin Luther hat an der Erfurter Universität wenigstens 16 Semester studiert: acht Semester Philosophie, ein »kurzes« Semester Jura und wenigstens sieben Semester Theologie. Dass ihn diese acht Jahre geprägt haben, darf als sicher gelten. Schließlich hatte er noch die Blütezeit der Universität erlebt, und so sind seine Rückblicke auf seine Studienzeit in Erfurt voll des Lobes, auch wenn sich das ihm zugeschriebene Zitat »Wer recht studieren wolle, gehe nach Erfurt!« nicht nachweisen lässt.

Seine Studienzeit darf übrigens als der am besten urkundlich bezeugte Zeitraum in Erfurt gelten. Im Sommersemester 1501 wurde Luther als »Martinus Ludher ex Mansfeldt« in die Matrikel der Universität Erfurt eingetragen. Luther war in dieser Gruppe der Einundvierzigste der Anwärter, der den vollen Betrag von 23 Groschen bezahlte. Die Immatrikulationsfolge, die erst am Ende des Semesters nach der Höhe der bezahlten Gebühren feststand, war deshalb von Bedeutung, weil sich nach ihr die Zulassung zum Examen richtete. Neben diesem ersten urkundlich verbürgten Eintrag ist das Baccalarexamen am 29. September 1502 das zweite urkundlich gesicherte Datum. Das dritte ist der 6. Januar 1505; hier bestand er als Zweitbester seine Magisterprüfung. Damit

hatte er das philosophische »Grundstudium« der »Sieben Freien Künste« (septem artes liberales) erfolgreich absolviert. Wo Martin Luther in seiner Zeit als Student der Artes wohnte, ist zwar nicht mit letzter Sicherheit zu sagen; vieles spricht aber für die Georgenburse als Wohn- und Studienort.

Für ein Jahr, vom Herbst 1508 bis zum Herbst 1509, war Luther nicht in Erfurt. Vermutlich hatte ihn sein früherer Lehrer Jodocus Trutfetter als Lektor für Philosophie in Wittenberg vorgeschlagen. Er las die Nikomachische Ethik des Aristoteles. Als er wieder nach Erfurt kam, war er bereits Baccalaureus biblicus und hatte in Wittenberg die vorgeschriebene

Disputation für den Grad des Baccalaureus sententiarius abgelegt. Für seinen Studiengang brachte die Rückkehr nach Erfurt gewisse Komplikationen. Da er schneller als in Erfurt üblich im Studium vorangekommen war, weigerte sich die Theologische Fakultät, seine Wittenberger Examina anzuerkennen. So stellte sich die Frage, ob man ihn in Erfurt schon zur Sentenzenvorlesung zulassen würde. Nach einigen Schwierigkeiten gelang dies wohl vor allem durch die Intervention seines Ordensbruders Johannes Nathin. So musste er noch nicht einmal den Eid nachholen, mit dem in Erfurt die Baccalaurei biblici versprechen mussten, an keiner anderen Universität als Erfurt den Doktorgrad zu erwerben.

Dies sollte bei seiner Doktorpromotion in Wittenberg 1512 zu einem unerfreulichen Nachspiel führen. Die Erfurter waren, entgegen dem tatsächlichem Sachverhalt, der Meinung, Luther sei eidbrüchig geworden, weil er nicht in Erfurt promoviert hatte. Das gespannte Verhältnis zur Erfurter Universität und zu Teilen des Augustinerkonventes, das aus diesem Missverständnis entstand, hielt bis 1514 an. Obwohl Luther fest davon überzeugt war, er habe keinen Eid zu leisten gehabt, bat er die Fakultät, die Angelegenheit zu begleichen, was wohl auch geschah. In diesem Zusammenhang gehört das Bekenntnis aus dem Jahre 1513 »Die Erfurter Universität ist meine Mutter, der ich alles verdanke«. Es gibt wohl korrekt seine damalige Überzeugung wieder, verdankt sich aber dem geschilderten Missverständnis.

Leider lässt nicht sicher rekonstruieren, wann Martin Luther in Erfurt seine Vorlesungen über die Sentenzen des Petrus Lombardus hielt, eine der Voraussetzungen für eine theologische Promotion. Es fehlt das Dekanatsbuch der Theologischen Fakultät, und auch eine Verzeichnung im Liber receptorum der Erfurter Rektoren ist nicht vorhanden. Es ist lediglich eine legitime Annahme, dass er in der Zeit zwischen seiner Rückkehr aus Wittenberg bis zu seiner Romreise

1510/11 seine Vorlesungen über die Sentenzen las. Laut Statuten der Theologischen Fakultät dauerten die Vorlesungen mindestens zwei Jahre mit wenigstens drei Wochenstunden. Las ein Kandidat nur ein Jahr, so musste er an jedem Vorlesungstag lesen. Die erste Vorlesung eines jeden der vier Bücher der Sentenzen, das sogenannte Principium, sollte in einer feierlichen Form absolviert werden. Nach dem dritten Principium, also als er das 3. Buch der Sentenzen begann, wurde er automatisch Baccalaureus formatus. Aller Wahrscheinlichkeit nach wurde das solemne principium im Coelicum, dem heutigen Vorlesungssaal der Theologischen Fakultät, in Gegenwart der damaligen theologischen Lehrer gehalten. Denn das Coelicum war der Hörsaal, der vor allem für feierliche Anlässe genutzt wurde. Luther wird diese Eröffnungsvorlesungen dort gehalten haben, während er sonst üblicherweise im Augustinerkloster vor einem kleinen Zuhörerkreis lehrte. Höchstwahrscheinlich ist er sogar vor seiner Romreise nicht ganz mit seiner Sentenzenvorlesung fertig geworden, denn in dem von ihm ursprünglich benutzten Exemplar des Petrus Lombardus ist das vierte Buch nicht behandelt, was sich aus den fehlenden Randglossen Luthers erschließen lässt. Es darf angenommen werden, dass er nach seiner Rückkehr aus Rom die Vorlesungen zu Ende gebracht hat.

Auch für die Romreise Luthers fehlen gesicherte Daten. Wahrscheinlich ist, dass er im November 1510 mit seinem Ordensbruder aufbrach und im Frühjahr 1511 nach Erfurt zurückkehrte. Im Spät-

Während seines Studiums der Philosophie wohnte Luther vermutlich in der Georgenburse. Hier befindet sich heute die Bildungs- und Begegnungsstätte »Georgenburse Erfurt – Studienort der Lutherzeit« mit einer historischen Ausstellung

sommer 1511 wurde er endgültig nach Wittenberg versetzt, wo zwei Wochen vor seiner Promotion zum Doktor der Theologie seine Lizentiatspromotion erfolgte. Dieser Abschied von Erfurt sollte, bis auf einzelne Besuche, das Ende der Erfurter Zeit sein.

Seine Erfurter Universität hat er deshalb nicht vergessen. 1527 erinnerte er sich in einem Brief an die Erfurter: »Ihr habt bei euch viele Jahre eine hohe Schule gehabt, darin ich auch etliche Jahre gestanden bin.« Und ergänzend und erfreut fügte er hinzu, dass nun »christliche Lektion oder Predigt« in »alle Winkel« Erfurts gedrungen sei. Schließlich rühmte er 1539 das Prestige der Erfurter Universität, dass alle anderen Hochschulen im Vergleich zu ihr als »kleine Schützenschulen« galten.   ●

▶ **PROF. DR. JOSEF PILVOUSEK**
ist Lehrstuhlinhaber für Kirchengeschichte des Mittelalters und der Neuzeit an der Katholisch-Theologischen Fakultät der Universität Erfurt.

»Ich will ein Mönch werden«

Nach dem »Gewittererlebnis« bei Stotternheim brach Martin Luther sein Jura-Studium ab und trat ins Kloster ein

—

VON VOLKER LEPPIN

Werdepunkt der Reformation« – so liest man es auf dem Gedenkstein in Stotternheim nördlich von Erfurt. Jedenfalls fand hier am 2. Juli 1505 ein Einschnitt im Leben Martin Luthers statt. Gerade befand er sich auf der Heimreise von den Eltern, da schlug offenbar ganz in seiner Nähe ein Blitz ein. Der junge Student erahnte die Gefahr des raschen Todes. Wie viele Menschen fürchtete er, plötzlich und unvorbereitet zu sterben. In seiner Not habe er, so berichtet er später, ausgerufen: »Hilff du, S. Anna, ich wil ein monch werden!« Anna, die Mutter Mariens und Heilige der Bergleute um Hilfe anzuflehen, das scheint zu einem Bergmannssohn zu passen. So kamen erst in jüngster Zeit Zweifel auf, ob wirklich sie es gewesen ist, an die Luther sich gewandt hat. Der Annenkult kam zu spät ins Mansfeldische Land, als dass Luther ihn dort in seiner Kindheit hätte kennenlernen können. Die Erinnerung in einer Tischrede mehr als 30 Jahre nach dem Geschehen weist manche Züge auf, die an ihrer Zuverlässigkeit zweifeln lassen. Doch auch wenn Luther nicht Anna angerufen haben sollte: Eine Lebenswende war es schon, was da im Sommer 1505 passierte. Auch Gefährten berichten von einem Blitzschlag, der Luther den Weg ins Kloster gewiesen habe. Dabei wäre ein aus Angst und Not abgelegtes Gelübde gar nicht bindend gewesen, und Luther dürfte dies gewusst haben.

Dass er dennoch den raschen Entschluss ohne Zögern in die Tat umsetzte, verweist darauf, dass dieser vielleicht doch länger gereift war, als Luther es sein Umfeld und vielleicht auch sich selbst glauben machen wollte. Vermutungen, was tatsächlich geschehen ist, kann man nur vorsichtig äußern. Aber es legen sich doch manche Fragen nahe. Die vielleicht größte: Warum war Luther mitten im Semester zu seinen Eltern gereist? Gerade erst hatte er, nach dem erfolgreichen Abschluss als Magister in den philosophischen Freien Künsten, das Studium an der juristischen Fakultät aufgenommen. Sein Vater, stolz und erwartungsvoll angesichts der damit verbundenen Karrieremöglichkeiten, hatte ihn großzügig unterstützt und gefördert. Sollte vielleicht schon der Grund der Reise gewesen sein, dass Luther seinem Vater den Wunsch offenlegen wollte, die juristische Laufbahn aufzugeben? Dann müsste man wohl davon ausgehen, dass er bereits vor Stotternheim und dem Blitzschlag den Gedanken erwogen haben könnte, Mönch zu werden. Ein späteres Schreiben nährt diesen Verdacht: »Deine Absicht war es sogar, mich durch eine ehrenvolle und reiche

Heirat zu fesseln«, so erinnert Martin später den Vater an dessen Versuche, ihn vom Weg ins Kloster abzuhalten.

Einen Zeitpunkt hierfür findet man schwerlich – jedenfalls nicht nach Stotternheim. Wenigstens denkbar wäre es, dass ein solches Gespräch unmittelbar vorher stattgefunden haben könnte. Luther wäre dann, so kann man mutmaßen, nach Hause gereist, um den Eltern zu eröffnen, dass er Mönch werden wolle. Der Vater hätte sich dem vehement entgegengestellt. Der Sohn wäre unverrichteter Dinge abgereist, und dann, im Gewitter, hätte er als Gelübde ausgesprochen, was er womöglich schon längst erhofft und angestrebt hatte. Eine stärkere Macht als die Bindung an den himmlischen Vater hätte er gegen den irdischen nicht aufbringen können. Damit begann Luthers Weg als Mönch. Später hat er sich auch hiervon bewusst und entschieden abgewandt. Und doch hat er manches, was er im Kloster aufnahm, in veränderter Form in seine reformatorische Theologie eingebracht. ●

Eine von vielen späteren bildlichen Darstellungen jenes biographischen Schlüsselereignisses, phantasievoll ausgeschmückt

◄

Seit 1917 markiert ein Gedenkstein die vermutliche Stelle des »Gewittererlebnisses«. Auf der Rückseite wird sie als »Werdepunkt der Reformation« bezeichnet

▶ **PROF. DR. VOLKER LEPPIN**
  ist Lehrstuhlinhaber für Kirchengeschichte mit Schwerpunkt Mittelalter und Reformationsgeschichte an der Eberhard Karls Universität Tübingen.

....

▶ **WEITERFÜHRENDE LITERATUR**
  Volker Leppin: Martin Luther, Darmstadt ²2010.
  Andreas Lindner: Was geschah in Stotternheim? Zu Interpretation und Rezeption von Luthers Gewittererlebnis. In: Mitteilungen des Vereins für die Geschichte und Altertumskunde von Erfurt 66 (2005), S. 107–130.

Auf der Suche nach dem »gnädigen Gott«

Im Augustinerkloster begann der junge Mönch den Weg zum Reformator. Es gilt als eine der wichtigsten Lutherstätten und als Herzstück des evangelischen Erfurt

VON MICHAEL LUDSCHEIDT

D as im 16. Jahrhundert aufgelassene Erfurter Augustiner-Eremiten-Kloster trägt heute den Namen »Evangelisches Augustinerkloster« und ist eine kirchliche Tagungs-, Begegnungs- und Beherbergungsstätte. Es besitzt als ein bedeutender Lutherort hohe Anziehungskraft für Protestanten der ganzen Welt. Das für die Wahrnehmung des Klosters fraglos epochale Ereignis der Zugehörigkeit Martin Luthers zum Konvent überstrahlt alle übrigen Perioden seiner Historie. Bisweilen entsteht so der Eindruck, als sei es erst mit dem Aufenthalt des späteren Reformators aus dem Dunkel der Geschichte herausgetreten und habe in diesem Moment den Zenit seines Ansehens nicht nur erreicht, sondern zugleich überschritten. Doch wenn man die Erfurter Niederlassung der Augustiner-Eremiten in einem mehr als nur äußerlichen Sinne Luthers Kloster nennen will, dann gilt es, die seinem Eintritt in die »Brüdergemeinde« vorausliegenden Entwicklungen ebenso wie die aus den reformatorischen Umwälzungen sich ergebenden Veränderungen in der Nutzung des vormaligen Bettelordenshauses mit zu bedenken.

Die ersten Mönche des zehn Jahre zuvor gegründeten Ordens der Augustiner-Eremiten kamen 1266 nach Erfurt. In der zum Erzbistum Mainz gehörenden thüringischen Metropole fanden sie die für ihr Wirken notwendigen Bedingungen vor. Die wirtschaftliche Prosperität der Stadt erlaubte es den Brüdern, ihre am Armutsideal ausgerichtete Lebensweise durch das Erbetteln geringfügiger Summen zu sichern. Damit traten sie allerdings auch in Konkurrenz zu den in Erfurt bereits ansässigen Bettelorden der Franziskaner und Dominikaner. Ob die daraus entstehenden Spannungen oder aber Konflikte mit dem Stadtrat zur Ausweisung der Neuankömmlinge im

◄

Der Klosterkomplex mit dem modernen Tagungshaus an der Stelle der einstigen Bibliothek im Vordergrund

Jahr 1273 geführt haben, lässt sich nicht eindeutig klären. Erst ab 1276 konnten die Augustiner-Eremiten dauerhaft in Erfurt Fuß fassen.

Der unmittelbar danach begonnene Bau eines Klosters mit Kirche und Konventsgebäuden war um 1350 im Wesentlichen abgeschlossen. Im 15. und frühen 16. Jahrhundert wurde die Anlage durch die Errichtung von Wirtschaftsgebäuden, zweier Priorate und eines Bibliotheksbaus westlich der Klausur großzügig erweitert. Neben der Übertragung von Grundstücken an den Konvent schufen Ablässe sowie Seelgerätstiftungen die Voraussetzungen für die rege Bautätigkeit. In den materiellen Zuwendungen manifestierte sich das Ansehen, welches die Augustiner-Eremiten beim niederen Adel, bei den Patriziern und der Stadtbevölkerung genossen. Es beruhte in erster Linie auf ihrer seelsorgerischen Kompetenz, die von den Gläubigen höher als die des Pfarrklerus' eingeschätzt wurde.

Daneben verfügten die Erfurter Augustiner über einen ausgezeichneten Ruf als Prediger. Kanzelredner aus ihren Reihen wirkten auch in anderen geistlichen Institutionen der Stadt und weit darüber hinaus. Zahlreiche handschriftlich oder wie im Fall der Texte von Johannes Bauer von Dorsten und Johannes von Paltz im Druck überlieferte Predigten geben Kunde vom hohen Stand der Kanzelberedsamkeit im Erfurter Augustinerkloster. Nicht minder geachtet waren die Bettelordensbrüder als Wissenschaftler. Herausragende Bedeutung für die Stellung des Erfurter Konvents besaß die Errichtung eines am Vorbild der Universität Paris orientierten Generalstudiums. Es bildete die mit dem Promotionsrecht ausgestattete oberste Stufe des dreigliedrigen ordensinternen Studiensystems. An ihm lehrten seit Anfang des 14. Jahrhunderts weithin bekannte Theologen wie der Gründungsrektor Heinrich von Friemar d. Ä., der u. a. einen Kommentar zur Ethik des Aristoteles verfasste; der Provinzial Jordan von Sachsen, dessen Mönchsbiographien eine

Am 17. Juli 1505 trat Martin Luther durch die später nach ihm benannte »Lutherpforte« ins Augustinerkloster ein, um Mönch zu werden

Hauptquelle für die Frühgeschichte des Ordens darstellen; der Hus-Opponent Johannes Zachariae, Luthers Lehrer und späterer Gegner Johannes Nathin und der dem Humanismus zuneigende Bartholomäus von Usingen. Das Studium generale der Augustiner-Eremiten wurde der 1392 ihren Lehrbetrieb aufnehmenden Erfurter Universität inkorporiert. Damit erhielten die Ordenstheologen einen Lehrstuhl an der rasch aufblühenden Alma mater (▶ S. 22).

Eine führende Rolle nahm das bald nach seiner Gründung zum größten und bedeutendsten Konvent in der thüringisch-sächsischen Provinz aufgestiegene Erfurter Kloster im Ringen um die sogenannte Observanz ein. Der Begriff (von lat. observare: bewahren) bezeichnet das Streben der Orden nach Abschaffung von im Laufe der Zeit eingetretenen Missständen und die Rückkehr zu den ursprünglichen Idealen. Seit 1474 gehörten die Erfurter Brüder der Reformkongregation des Ordens an, die sich der gewissenhaften Einhaltung der Regeln und Konstitutionen verschrieben hatte.

Blick in die rekonstruierte Lutherzelle

In seiner Zeit als Mönch im Augustinerkloster wurde das theologische Fundament für Luthers reformatorische Ideen gelegt.

Zahlreiche Klostereintritte in der Zeit um 1500 deuten darauf hin, dass sich das Ordenshaus an der Gera rasch zu einem Zentrum der Bewegung entwickelte. Der aus heutiger Sicht prominenteste Novize, den die Erfurter Fratres in jenen Jahren aufnahmen, war der Magister der Freien Künste Martin Luther.

Luthers Entscheidung, der Juristenlaufbahn den Rücken zu kehren und die mönchische »vita contemplativa« anzunehmen, hat zu vielfältigen Spekulationen Anlass gegeben. Selbst im Licht moderner Forschungen entziehen sich die Geschehnisse des Sommers 1505 einer letztgültigen Deutung (▸ S. 24). Nach Luthers eigener Darstellung geriet er am 2. Juli auf dem Rückweg von Mansfeld nach Erfurt in der Nähe des Dorfes Stotternheim in ein heftiges Gewitter. Von Todesfurcht überfallen, habe er ausgerufen: »Hilf du, St. Anna, ich will ein Mönch werden!« Jahrzehnte später interpretiert Luther diesen Satz als ein ihm abgepresstes Gelübde, das er nicht brechen wollte. Das Erlebnis wurde schon von den Zeitgenossen kontrovers beurteilt. Vater Hans Luther warnte den

Sohn, es möchte ein »teuflisches Trugbild« gewesen sein, wohingegen Johann Nathin seinen Schüler als einen »andern Paulum« rühmte. Wie auch immer, das Stotternheimer »Gewittererlebnis« bestimmte seinen weiteren Werdegang. Denn die Einreden der Freunde nicht achtend bat er am 17. Juli 1505 um Aufnahme in das Kloster der Augustiner-Eremiten. Deren umfassende Gelehrsamkeit, asketische Frömmigkeit und gewissenhafte Lebensführung mögen ihn gleichermaßen angezogen haben.

Vor Beginn des Noviziats (Novize = »Neuling«) verbrachte Luther einige Wochen im Gästehaus des Klosters außerhalb der Klausur. Der Konvent wollte, wie bei jedem Kandidaten, die Beweggründe seines Handelns erforschen und seine persönliche Integrität prüfen. Im Frühherbst 1505 wurde er in die Gemeinschaft aufgenommen und der Aufsicht des Novizenmeisters unterstellt, der ihn in die Grundgesetze des monastischen Lebens einwies, mit der Ordensregel vertraut machte sowie in das Stundengebet und die Messliturgie einführte. Die Konstitutionen des Ordens forderten von den Novizen außerdem das tägliche Bibelstudium. Daher gehören alle Berichte, die Luther zum Opfer einer finsteren Mönchsclique stilisieren, die ihn an der Lektüre der Heiligen Schrift gehindert habe, ins Reich der Legende.

Nach Ablauf des Novizenjahres legte Luther im September 1506 die Profess ab. Indem er sich zu Gehorsam, Armut und Keuschheit verpflichtete, vollzog er die endgültige Bindung an die Bruderschaft.

Die weiteren Stationen der Ordenskarriere bis zum Weggang aus Erfurt sind rasch aufgezählt. Bis zum Frühjahr 1507 erhielt Luther die verschiedenen priesterlichen Weihen und zelebrierte am 2. Mai 1507 in der Kirche des Augustinerklosters seine erste Messe, die Primiz. Während des anschließenden Theologiestudiums hatte er den Gepflogenheiten des mittelalterlichen Studienbetriebs entsprechend auch Lehraufgaben zu erfüllen. Auf Wunsch seines Mentors Johann von Staupitz übernahm er 1508 die Lektur für Moralphilosophie an der Universität Wittenberg und erlangte im Verlauf eines Jahres dort die akademischen Grade eines Baccalaureus biblicus und Baccalaureus sententiarus. Von seinem Konvent nach Erfurt zurückbeordert, hielt er ab Herbst 1509 an der Universität Vorlesungen über den Sentenzenkommentar des Petrus Lombardus. Wohl im November 1510 schickte ihn der Orden in einer Mission nach Rom. Zeitpunkt, Zweck und Ergebnisse dieser Reise lassen sich beim gegenwärtigen Stand der Forschung nicht eindeutig benennen. Vermutlich im März 1511 traf Luther wieder im Erfurter Kloster ein. Ein halbes Jahr danach veranlasste Staupitz seine endgültige Versetzung nach Wittenberg und bestimmte ihn zu seinem Nachfolger auf der Bibelprofessur.

Aus beträchtlichem zeitlichen Abstand hat Luther sein Mönchsdasein in Erfurt als Suche nach dem »gnedigen Gott« gedeutet. Er sei ein »fromer Mönch« gewesen, der »teglich auffs vleissigst gebett, auffs reinest gebeicht, mess gehal-

Bibliothek des Evangelischen Ministeriums im Augustinerkloster

ten und das best gethan« habe. Wenn »jhe ein Münch gen himel komen [wäre] durch Müncherey«, behauptete Luther, dann er. Vor dem Hintergrund der Erkenntnis, dass der Mensch vor Gott allein aus dem Glauben gerechtfertigt ist, erschien ihm die monastische Existenz im Rückblick aber als ein in »Abgötterey und Gottes lesterung« mündender Irrweg. Unabhängig von Luthers eigener, im Alter zunehmend kritischerer Sicht muss die Erfurter Klosterzeit jedoch in mehrfacher Beziehung als entscheidend für seine Entwicklung angesehen werden. Zwischen 1505 und 1511 erwarb er nicht nur die grundlegenden Schriftkenntnisse, die ihn zu einem herausragenden Übersetzer und Exegeten der Bibel werden ließen. Er legte durch die Auseinandersetzung mit der spätmittelalterlichen Theologie, wie er sie als Student und Lehrender in jenen Jahren kennenlernte, auch das Fundament für die in Wittenberg ausgeformten reformatorischen Ideen. Und nicht zuletzt dürften die Erfahrungen, die er als Glied einer observanten Klostergemeinschaft gesammelt hatte, seinen Blick für die Reformbedürftigkeit der Gesamtkirche geschärft haben.

Der Erfurter Augustiner-Eremiten-Konvent bekam die Auswirkungen der reformatorischen Unruhen früh zu spüren. Schon 1522 verließ Luthers seit 1516 als Prior amtierender Weggefährte Johannes Lang (▸ S. 44) mit einem Teil der Brüder das Kloster. Die verbliebenen Mönche durften die evangelisch gewordene Klosterkirche ab 1525 nicht mehr

betreten. Mit seinem die Aufnahme von Novizen untersagenden Erlass besiegelte der lutherisch gesinnte Magistrat die schrittweise Auflösung des Konvents. Dessen Ende trat mit dem Tod des letzten Bruders 1556 ein.

Als Luthers Kloster darf man das ehemalige Ordenshaus der Augustiner-Eremiten in Erfurt auch deshalb bezeichnen, weil im Zuge der nachfolgenden Säkularisation in seinen Mauern ein Bildungs- und Sozialprogramm verwirklicht wurde, das sich unmittelbar auf Vorstellungen des Wittenberger Reformators rückbeziehen lässt. Mit der Ansiedlung des städtischen Gymnasiums (1561), der von der lutherischen Geistlichkeit gestifteten Bibliothek des Evangelischen Ministeriums (1646) und des als Gemeinschaftsunternehmen von Kirche und Stadt gegründeten Evangelischen Waisenhauses (1669) erhielt das Kloster den Charakter eines die wichtigsten Institutionen der Protestanten in Erfurt vereinenden »evangelischen Zion«. Diese von reformatorischem Geist durchdrungene Ausstrahlung bewahrte es über die politischen Zäsuren des 19. und 20. Jahrhun-

derts hinweg. Nach dem Zweiten Weltkrieg profilierte es sich als eine Stätte der kirchlichen Bildungsarbeit und der ökumenischen Begegnung der Kirchen. Heute dient die in »Evangelisches Augustinerkloster zu Erfurt – Lutherstätte« umbenannte Anlage der Evangelischen Kirche in Mitteldeutschland als Tagungs- und Begegnungszentrum. Seit 2002 dokumentiert eine im ehemaligen Dormitorium eingerichtete Dauerausstellung mit dem Titel »Bibel – Kloster – Luther« die wechselvolle Geschichte des Hauses bis zur Mitte des Reformationsjahrhunderts. ●

▸ **DR. MICHAEL LUDSCHEIDT**
ist Leiter der Bibliothek des Evangelischen Ministeriums im Augustinerkloster Erfurt und Lehrbeauftragter für Neuere deutsche Literatur an der Universität Erfurt.

▸ **WEITERFÜHRENDE LITERATUR:**
Lothar Schmelz / Michael Ludscheidt (Hg.): Luthers Erfurter Kloster. Das Augustinerkloster im Spannungsfeld von monastischer Tradition und protestantischem Geist, Erfurt 2005.

An der Schwelle zur Reformation

Das Stadtmuseum Erfurt bietet einen Überblick zur Stadt-geschichte, der besonders die Metropole des Spätmittelalters wieder lebendig werden lässt

—

VON HARDY EIDAM

Das Stadtmuseum Erfurt im Haus zum Stockfisch

Der Charakter als wichtige Lutherstadt spielt für das historisch-kulturelle und touristische Selbstverständnis Erfurts eine große Rolle. Dabei bewegt sich die alte Metropole Thüringens auf Augenhöhe mit den übrigen Lutherstädten, hat durch die Bildung der Evangelischen Kirche in Mitteldeutschland (EKM) 2009 sogar noch an Bedeutung gewonnen. Dies betrifft nicht zuletzt die beiden bedeutendsten Lutherstätten. Das Augustinerkloster ist seit dem großen Lutherjubiläum 1983 zu einem der wichtigsten evangelischen Kultur- und Tagungszentren in Deutschland geworden. Es beherbergt eine interessante Ausstellung »Bibel – Kloster – Luther« und zeigt die rekonstruierte Zelle Luthers (▸ S. 28). Das Collegium maius, Hauptgebäude von Luthers Universität, wurde 2011 als Verwaltungssitz der EKM rekonstruiert. Der gotische Festsaal gehört seither wieder zu den stimmungsvollsten Veranstaltungsstätten Erfurts. Diese beiden Leuchttürme ragen heraus aus einem dichten Geflecht weiterer Erinnerungsorte insbesondere im einstigen »lateinischen Viertel« der Altstadt.

Hiermit korrespondierend hat sich das aufwändig sanierte und umgestaltete Stadtmuseum im »Haus zum Stockfisch« in der Johannesstraße zum zentralen Ort der musealen Erinnerungskultur in der Lutherstadt Erfurt gewandelt. Es versteht sich zum einen natürlich als Museum, das dem Besucher von Jung bis Alt einen informativen und kurzweiligen Überblick zur Erfurter Stadtgeschichte bietet. Neben klassischen Formen der Präsentation greift das Haus zu modernen Mitteln wie einem multimedialen »Erfurt-Film« und einer computeranimierten Stadtchronik. Im Übrigen bildet das Renaissance-Bürgerhaus

von 1607 selbst das wohl prächtigste Exponat. Es verweist als einstiges Wohn- und Geschäftshaus von Waidhändlern auf die große Bedeutung des Handels mit dem begehrten Blaufärbemittel für die mittelalterliche Blütezeit der »Metropolis Thuringiae«.

Über die eigenen Mauern hinaus stellt der »Stockfisch« aber auch den Knotenpunkt eines weitverzweigten »Netzwerkes Stadtgeschichte« dar. In der Ausstellung wird an vielen Stellen auf die authentischen Geschichtsorte in der Stadt verwiesen, neben den genannten Lutherstätten etwa auf die Georgenburse in der Augustinerstraße, wo eine Dauerausstellung Aspekte der Erfurter Universitätsgeschichte und Luthers Zeit als Student und Dozent vertieft. Solche Verweise gibt es weiterhin zur Alten Synagoge mit ihrer hochkarätigen Ausstellung zur jüdischen Geschichte samt »Erfurter Schatz« oder zum Erinnerungsort Topf & Söhne, wo an die »Ofenbauer von Auschwitz« erinnert wird. Andere Aspekte der Stadtgeschichte beleuchten das Museum »Neue Mühle« und das Druckereimuseum im Benaryspeicher. Die Wasserburg Kapellendorf zwischen Weimar und Jena, einst ein Reichslehen der Stadt Erfurt, wird ebenfalls vom Stadtmuseum betreut.

Bei alledem fungiert das Stadtmuseum als »Spinne im Netz«, das sich damit auch als Ausgangspunkt einer Erkundungstour durch die Erfurter Geschichte anbietet. Das Haus selbst verfügt über hochkarätige Exponate zur Stadt- und Universitätsgeschichte, eine Sammlung von Reformationsdrucken und Flugschriften sowie eine umfangreiche Sammlungen zur Luther-Rezeption vom 16. bis 20. Jahrhundert. Auf dieser Basis hat das Museum bereits beachtliche Beiträge zur Luther-Rezeptionsforschung geleistet. So fand die 1996 gezeigte Sonderausstellung »Er fühlt

der Zeiten ungeheuren Bruch und fest umklammert er sein Bibelbuch ...‹. Zum Lutherkult im 19. Jahrhundert« großen Widerhall über die Region hinaus.

In der im Rahmen der »Lutherdekade« entstandenen neuen Dauerausstellung nehmen Universitäts- und Reformationsgeschichte sowie die Rolle der Stadt für die biographische Entwicklung Luthers natürlich breiten Raum ein. Das Haus hat sich dabei ein ehrgeiziges Ziel gesteckt. In Ergänzung zu den authentischen Lutherstätten von Eisleben bis Wittenberg soll ein korrespondierendes Bild entstehen, das die aktuelle Luther- und Reformationsrezeption entscheidend ergänzt. Das Museum will erstmalig Einblicke in die Entstehungsbedingungen der Reformation vor einem konkreten stadthistorischen Hintergrund ausbreiten. Die spätmittelalterliche Metropole soll für den Besucher wieder in ihrer ganzen Macht und Pracht erlebbar werden. Hierzu dient besonders die Rekonstruktion der Ratshalle im alten Rathaus, über deren Ausstattungsstücke (große Setzschilde, Armbrust, Wandbilder, Ratssilber) das Museum verfügt. Ein wichtiger Aspekt ist das Selbstverständnis der Kommune als »sakrale Gemeinschaft«, in der weltliche und religiöse Sphäre eng verwoben waren. Zutage treten dabei die immer größeren Spannungen an der Schwelle zur Reformation, von denen Erfurt schließlich heftig ergriffen werden sollte (▶ S. 36). ●

▶ **HARDY EIDAM**
   ist Direktor des Stadtmuseums Erfurt.

▶ Aktuelle Informationen zum Stadtmuseum Erfurt:
   www.stadtmuseum-erfurt.de

Das Stadtmuseum beherbergt eine große Sammlung, die Schätze wie das Zepter der Universität Luthers beherbergt, aber auch Zeugen der Lutherverehrung späterer Jahrhunderte

Gastronomie und Veranstaltungen

Die Erfurter Altstadt steckt nicht nur voller Geschichte, sondern bietet auch Gastronomie und Veranstaltungen mit historischem Flair. Zu einer echten Gastro-Meile hat sich die Michaelisstraße entwickelt. Traditionelle thüringische Küche bieten etwa die »Feuerkugel« und der »Goldene Schwan«, während das »Wirtshaus Christoffel« ganz auf Mittelalter-Erlebnis setzt. Im nördlich angrenzenden Andreasviertel hat sich eine lebendige Kneipenszene entwickelt.

Nicht nur für ihre gemütlichen Biergärten bekannt sind die »Engelsburg« in der Allerheiligenstraße und das »Güldene Rad« in der Marktstraße. Ausblick auf die touristischen Höhepunkte bieten die vielen Restaurants am Domplatz, am Fischmarkt, am Wenigemarkt oder hinter der Krämerbrücke. Das wohl geschichtsträchtigste Gasthaus ist die »Hohe

Lilie« am Domplatz, in der 1522 Luther zu Gast war, später Schwedenkönig Gustav II. Adolf und viele andere Persönlichkeiten. Der »Luther-Keller« in der Futterstraße versucht, den Gast ins Mittelalter zurückzuversetzen.

Ist dank des großen Veranstaltungskalenders in Erfurt eigentlich immer etwas los, so stellt das »Krämerbrückenfest« am dritten Juni-Wochenende alles in den Schatten. In der gesamten Altstadt wird mit Gauklern, Händlern und Artisten gefeiert. Immer beliebter werden auch die Domstufen-Festspiele des Erfurter Theaters in den Sommermonaten. Solche Highlights sind eine besonders gute Gelegenheit, Erfurt zu besuchen.

Zeigt die Stadt im Sommer zweifellos ihre Sonnenseite, bietet auch die kalte Jahreszeit einiges. Höhepunkt ist der Weihnachtsmarkt

auf dem Domplatz, mittlerweile einer der beliebtesten Deutschlands. Vor der stimmungsvollen Kulisse des Domberges verspricht der Markt neben den traditionellen Verkaufsbuden eine Vielzahl kulinarischer Genüsse von Riesenbratwurst und Rostbrätel über Pfefferkuchen, gebrannte Mandeln und Glühwein bis hin zu dem »Erfurter Schittchen«, wie der Christstollen hier heißt.

Mitten in der malerischen Erfurter Altstadt zu übernachten, ist übrigens kein Problem. Zahlreiche Hotels und Herbergen bieten in allen Preiskategorien dem müden Gast ein Bett. Die Erfurt Tourismus & Marketing Gesellschaft berät gern in allen Fragen rund um Übernachtung, Gastronomie und Veranstaltungen (▶ S. 78).

Nicht nur am Sonntag

»Ein Sonntag ohne Thüringer Klöße verlöre viel von seiner Größe.« Noch immer ist es in zahlreichen Familien Tradition, diesem alten Sprichwort zu folgen. Der Gast in Erfurt kann natürlich das Nationalgericht der Thüringer wahlweise mit Roulade, Gulasch, Schweine-, Sauer- und sonstigen Braten oder einfach nur mit Soße die ganze Woche über genießen. Zwar wird Erfurts Gastronomie mittlerweile auch von zahlreichen internationalen Restaurants und Imbissstuben geprägt, aber die traditionelle Thüringer Küche ist noch keineswegs verschwunden.

Die echten Thüringer Klöße sind handgeformte, aus zwei Dritteln rohen geriebenen und einem Drittel zerkochten Kartoffeln hergestellte Kartoffelklöße. Die Bandbreite der Eigenheiten und Bezeichnungen in Thüringen ist groß, in Erfurter Gaststätten trifft man aber meist auf diesen Klassiker. Wer selbst als Hobbykoch aktiv werden will, kann dabei auf teilweise oder komplett vorgefertigte Klöße aus der Thüringer Kloßmanufaktur Heichelheim zurückgreifen. Der Marktführer aus dem Dorf nördlich von Weimar unterhält auch ein Kloßmuseum.

Echt nur aus Thüringen!

Die Thüringer Rostbratwurst ist das bekannteste Markenzeichen des Freistaates im Herzen Deutschlands. Überall im Lande wird gebrutzelt, natürlich mit Holzkohlegrill! Bratwurstbraten ist aber nicht nur eine der beliebtesten Freizeitbeschäftigungen der Thüringer, auch im öffentlichen Raum ist es allgegenwärtig. In Erfurts Innenstadt finden sich zwischen Domplatz und Hauptbahnhof, zwischen Luther-Denkmal und Hirschgarten zahlreiche Bratwurststände. Eine »echte Thüringer« mit Erfurter Born-Senf ist absolutes Muss beim Besuch in der Landeshauptstadt.

Natürlich gibt es auch eine EU-Verordnung für die Rostbratwurst. Sie hat eine mindestens 15 cm lange, mittelfeine Rostbratwurst im engen Naturdarm zu sein, roh oder gebrüht, mit würziger Geschmacksnote. Seit 2004 ist die »Thüringer Rostbratwurst« eine »geschützte geographische Angabe«, d.h. mindestens 51 % der verwendeten Rohstoffe müssen aus Thüringen stammen. Alles andere ist bestenfalls »Thüringer Art«. Übrigens ist der 1404 erstmals erwähnten »brotwurstin« sogar ein eigenes Museum in Holzhausen südlich von Erfurt gewidmet.

ERFORDI

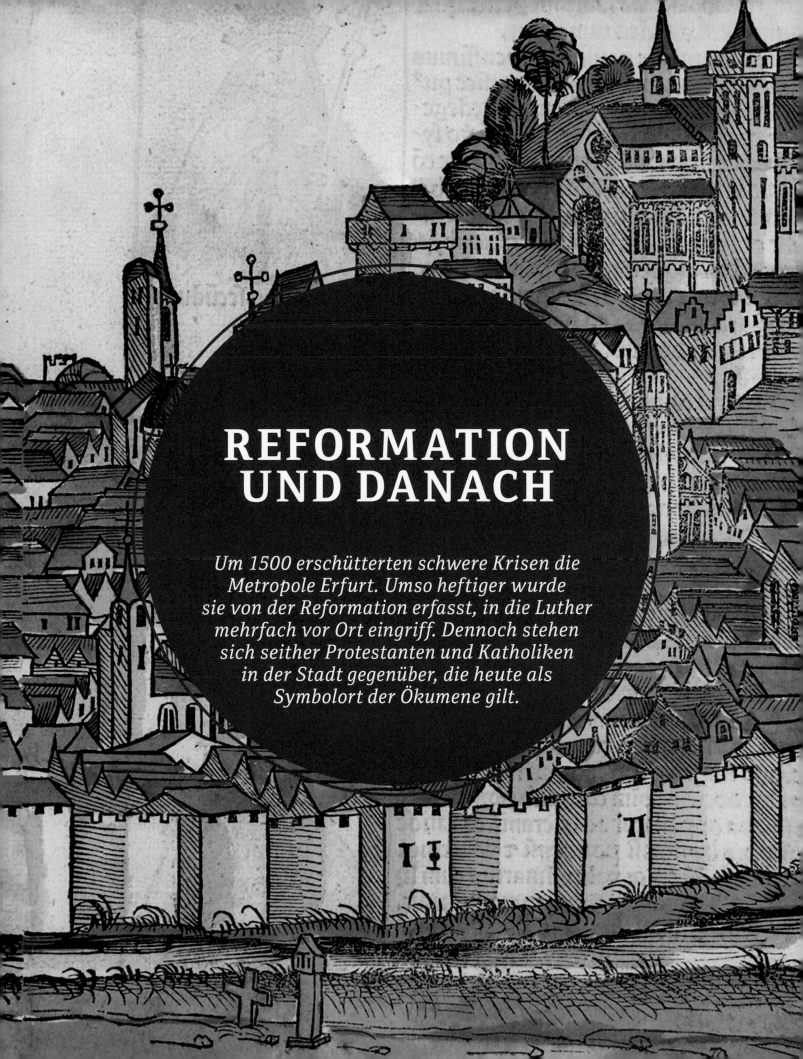

REFORMATION UND DANACH

Um 1500 erschütterten schwere Krisen die Metropole Erfurt. Umso heftiger wurde sie von der Reformation erfasst, in die Luther mehrfach vor Ort eingriff. Dennoch stehen sich seither Protestanten und Katholiken in der Stadt gegenüber, die heute als Symbolort der Ökumene gilt.

Siegeszug des Evangeliums und »Tragen auf beiden Schultern«

Erfurt gehörte zu den spektakulären Zentren der Reformation. Am Ende stand ein konfessionelles Nebeneinander, das in die Ökumene mündete

—

VON STEFFEN RASSLOFF

◀ S. 34
Erfurt in der »Weltchronik« von Hartmann Schedel (1493)

Auch der Wittenberger Reformator Luther schwärmte noch von der Metropole Thüringens, in der er entscheidende Jugendjahre verbracht hatte

Hartmann Schedels »Weltchronik« von 1493 zeichnet ein anschauliches Bild von »der großen und bemerkenswerten Stadt Erfurt, dem Haupt Thüringens«. Sie machte auf den jungen Martinus Ludher großen Eindruck, als er im Frühjahr 1501 zum Studium hierher kam. Auch der gestandene Reformator Luther, längst in Wittenberg »an der Grenze zur Zivilisation« lebend, schwärmte noch von der Handels- und Kulturmetropole seiner Jugendtage. Allerdings verbarg sich hinter der beeindruckenden Fassade der »Metropolis Thuringiae« um 1500 eine krisenhafte Kommune. Ihre weitgehende Autonomie hatte im späten 15. Jahrhundert erste Risse bekommen. In den Verträgen von Amorbach und Weimar 1483 musste die Landesherrschaft des Mainzer Erzbischofs und die Schutzherrschaft des sächsischen Kurfürsten formal anerkannt werden. Hohe Strafzahlungen an die Fürsten, Kosten für Söldner und Stadtbefestigungen sowie wirtschaftliche Schwierigkeiten führten zu einer ausweglosen Verschuldung. Man versuchte dies durch Steuern, Lohnkürzungen und Kredite auszugleichen. 1508 verpfändete Erfurt sogar das Reichslehen Kapellendorf an den sächsischen Kurfürsten. Dies wog besonders schwer, war mit der Wasserburg doch der faktische Reichsstadt-Status verbunden.

Eine stolze Metropole gerät in die Krise

Als sich der Bankrott nicht mehr verheimlichen ließ, kam die angestaute Wut auf den Rat der reichen Patrizier zur Entladung. Am 9. Juni 1509 stürmten Bürger den Ratssaal und forderten Rechenschaft. Obervierherr Heinrich Kellner, der sich den Eindringlingen selbstbewusst entgegenstellte, musste dies teuer bezahlen. Als Symbolfigur der Ratsherrschaft wurde er verhaftet, gefoltert und am 28. Januar 1510 am Galgenberg gehängt. Man vermutet, dass das von Luther verfolgte Geschehen sein großes Misstrauen gegenüber dem aufbegehrenden Volk mit begründet hat. In den Turbulenzen des »Tollen Jahres von Erfurt« 1509/10 deutet sich bereits ein schleichender Abstiegsprozess an, der in der Unterwerfung unter Mainz 1664 seinen Höhepunkt finden sollte. Vorerst aber konnte sich die Kommune nach einigen Jahren der Wirren wieder konsolidieren.

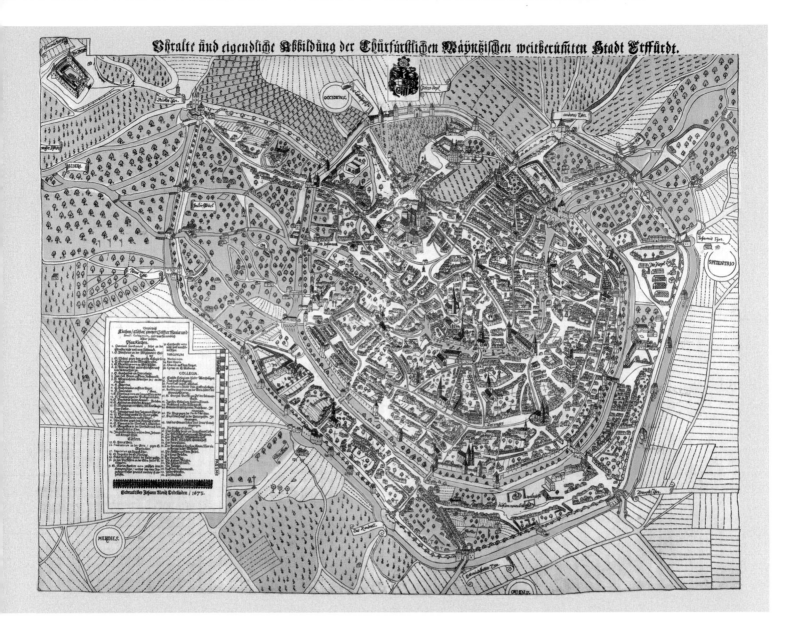

Ohralte ünd eigendliche Abbildung der Chürfürstlichen Mäyntzischen weitberühten Stadt Erffürdt.

Diese Vorgänge verbanden sich mit einer wachsenden Unruhe und Krisenstimmung im religiösen Bereich. Man hat das spätmittelalterliche Erfurt als »sakrale Gemeinschaft« beschrieben, in der sich religiöse und politisch-gesellschaftliche Sphäre aufs Engste verbanden. Die »frommen Bürger von Erfurt« (Ulman Weiß) forderten vom Klerus die ernsthafte Sorge um das Heil des Einzelnen und der Kommune, was man sich mit zahlreichen Spenden und Stiftungen auch einiges kosten ließ. Nicht zuletzt die beeindruckenden gotischen Kirchenbauten (▶ S. 60) wurden mit erheblichen Beiträgen der Bürgerschaft errichtet. Genau hier lag aber auch das Konfliktpotenzial. Viele Zeitgenossen verloren das Vertrauen in die verweltlichte Papstkirche und ihre Vertreter vor Ort. Nicht selten kam es zu Beschimpfungen oder Ausschreitungen gegenüber Geistlichen. Das lag auch daran, dass man die Spitze der kirchlichen Hierarchie mit dem Weihbischof und dem Kollegiatstift St. Marien auf dem Domberg als

Vertreter des erzbischöflichen Landesherrn ansah. Zudem pochten die mit reichen Pfründen ausgestatteten Geistlichen auf ihre Privilegien wie Steuerfreiheit und Befreiung von Bürgerpflichten.

Die Reformation beginnt und Luther greift ein

In jene Zeit gesellschaftlicher und religiöser Gärung fällt das epochale Wirken Martin Luthers. Am Beginn der Reformation steht der legendäre Anschlag der 95 Thesen gegen den Ablasshandel an die Schlosskirche zu Wittenberg am 31. Oktober 1517. Die Thesen bekamen rasch den Charakter eines Fanals für jene theologische Erneuerungsbewegung, die sofort auch die politische Ebene erfasste. Luther verschickte seine Thesen an Freunde und Bekannte, darunter auch an den späteren Reformator Erfurts Johannes Lang (▶ S. 44). Sie verbreiteten sich wie ein Lauffeuer in der Stadt.

Der Stadtplan von Moritz Dedekind (1675) zeigt Erfurt weitgehend so, wie es zur Reformationszeit ausgesehen hat. Offenbar diente ihm eine ältere Ansicht als Vorlage

Der Empfang Luthers im April 1521 auf seinem Weg zum Wormser Reichstag war ein »großer Triumph Martins«, wie der päpstliche Nuntius Hieronymus Aleander besorgt festhielt. Er gilt als einer der Höhepunkte in der Erfurter Reformationsgeschichte.

tenberg zu einem wahren Triumphzug. Der Aufenthalt in Erfurt am 6. und 7. April 1521 wirft hierauf ein helles Schlaglicht. Luther wurde vor den Toren der Stadt von Bürgern, Vertretern des Rates und der Universität feierlich empfangen. Durch das Schmidtstedter Tor zog man unter Jubel in die Stadt ein. In seiner Predigt in der überfüllten Augustinerkirche am 7. April griff Luther mit deutlichen Worten den Klerus an, verwarf die altgläubige Werkgerechtigkeit und verwies auf das Evangelium, in dessen Sinne der wirklich Fromme gute Werke tue. Hierzu wolle er in Worms stehen, auch wenn es ihm »zwanzig Hälse« koste. Sicher hat das unerschütterliche Auftreten Luthers der Reformation in Erfurt einen erheblichen Impuls verliehen. Aber auch den Reformator dürfte all dies in seiner Haltung bestärkt haben. Elf Tage nach dem Abschied aus Erfurt, am 18. April 1521, lehnte er den Widerruf seiner Lehren vor dem Reichstag und Kaiser Karl V. in Worms ab.

Vom »Pfaffensturm« zum Bauernkrieg

Nach dem Wormser Reichstag wurde der geächtete »Ketzer« Luther von seinem kursächsischen Landesvater Friedrich dem Weisen als »Junker Jörg« auf der Wartburg versteckt. Dort übersetzte er das Neue Testament ins Deutsche. Im nahen Erfurt entluden sich derweil die aufgeladenen Spannungen. Vom 10. bis 12. Juni 1521 kam es zum »Pfaffensturm« mit schweren Ausschreitungen, insbesondere gegen die Stifte St. Marien und St. Severi. Die Häuser von Kanonikern wurden geplündert. Dass dies überhaupt nicht im Sinne Luthers und seiner auf die Kraft des Wortes bauenden Reformation war, zeigen Briefe und das Sendschreiben »An alle Christen zu Erfurt« vom Juli 1522: »Denn wenn es auch gut ist, daß jene Frevler [= die Kleriker] in ihre Schranken verwiesen werden, so bringt diese Vorgehensweise doch auch Schande über unser Evangelium und verständlichen Widerwillen.«

Der »Pfaffensturm« und viele ähnliche Unruhen sorgten für einen spürbaren Stimmungswandel. Auf die Euphorie des April 1521 folgte ein gewisser Katzenjammer. Zudem herrschten unter den Luther-Anhängern Zwist und theologische Unklarheiten. So etwa über die Frage der Heiligenverehrung. Während einige Erfurter Prediger hier radikale Ansichten äußerten, setzte Luther in jener kritischen Phase eher auf allmähliche Fortschritte. »Götzenbilder und Winkelmessen« würden schon bald ohne

Empfang Luthers vor den Toren der Stadt am 6. April 1521 (Wandbild im Rathaus)

Von nun an lassen sich auch immer wieder Versuche Luthers erkennen, in Erfurt für seine Ideen per Brief oder von der Kanzel (▸ S. 47) zu werben und Mitstreiter zu gewinnen. Dabei wandte er sich nicht zuletzt an seine einstigen Lehrer und Kollegen an der Universität. Allerdings blieben die führenden scholastischen Gelehrten wie Jodocus Trutfetter bei der alten Lehre. Die Universitätsleitung verhielt sich reserviert. Auch der Rat übte lange Zurückhaltung. Dennoch fasste das neue Gedankengut rasch in der Stadt Fuß. Sowohl in der wohlhabenden Bürgerschaft als auch in den unteren Schichten von Stadt und Landgebiet fand die Reformation viele Anhänger. Mit Begeisterung verfolgte man die resolute Haltung Luthers im Ringen mit dem Papst. So warfen Studenten im Oktober 1520 die Bannandrohungsbulle gegen Luther mit großem Spektakel in die Gera.

Die Konfrontation mit den altgläubigen Kräften fand mit dem Reichstag zu Worms 1521 ihren Höhepunkt. Für Luther gestaltete sich der Weg von Wit-

Gewalt verschwinden, wenn die Menschen die zentrale Bedeutung des Evangeliums erkannt hätten. Tatsächlich kam beispielsweise die Tradition der großen Prozession zu Ehren der Stadtheiligen Adolar und Eoban, Mitstreiter des Missionars Bonifatius, nach 1521 zum Erliegen. Der prächtige Silbersarg der Heiligen wurde 1525 wie viele andere geistliche Kleinodien vom Rat eingeschmolzen.

Am 21. und 22. Oktober 1522 kam Luther erneut nach Erfurt und hielt zwei viel beachtete Predigten, in denen er die Grundgedanken der Reformation auf den Punkt brachte. Offenbar war diese Bestärkung im Glauben auch notwendig. Dennoch schien das Evangelium unaufhaltsam auf dem Siegeszug. So vertrat der bedeutende Erfurter Humanistenkreis in der »Engelsburg« um »Poetenkönig« Helius Eobanus Hessus mit Nachdruck die Sache Luthers. Mit den evangelischen Predigern um Johannes Lang besaß Luther treue Kampfgefährten. Die Klöster leerten sich seit 1521 unter Duldung und Förderung der Bürgerschaft rapide. 1523 wurde erstmals eine deutsche Messe gefeiert und das Abendmahl in beiderlei Gestalt gereicht. Zugleich heiratete 1523 mit Aegidius Mechler der erste Pfarrer der Stadt. Von nun an wurde das evangelische Pfarrhaus auch in Erfurt zur tragenden Säule der neuen Konfession.

Die Erfindung des Buchdruckes durch Johannes Gutenberg um 1450 hat zudem die Verbreitung von Wissenschaft und Bildung revolutioniert und damit auch die Reformation nachhaltig befördert. Erfurt spielte hierbei als einer der ältesten und bedeutendsten Druckereistandorte in Deutschland eine wichtige Rolle. Die meisten Werkstätten befanden sich im »lateinischen Viertel« der Universität. Im Haus »Zum schwarzen Horn« in der Michaelisstraße schrieben Wolfgang Schenk und Mathes Maler Druckereigeschichte. 1524 druckte Maler mit dem »Erfurter Enchiridion« eines der ersten lutherischen Gesangbücher. Von Erfurt gingen zudem zahlreiche der wirkmächtigen Flugschriften und Bücher Martin Luthers aus. In Malers Werkstatt kamen aber auch die beiden ersten Rechenbücher des sprichwörtlichen Rechenmeisters Adam Ries zum Druck, der von 1518 bis 1523 seine wissenschaftlich fruchtbarste Zeit in Erfurt verbrachte.

Aber die Reformation schritt nicht nur im intellektuell-medialen Wettstreit voran. Nach dem ersten »Pfaffensturm« 1521 entlud sich die Wut der Bevölkerung noch mehrfach handgreiflich. Der Rat versuchte, dies zur Zurückdrängung der Mainzer Macht und zum Abbau der Privilegien des Klerus auszunutzen. Mit Blick auf den Erzbischof und den

Die »Engelsburg« in der Allerheiligenstraße war Treffpunkt des Erfurter Humanistenkreises

Die »treue Tochter des Mainzer Stuhls«, wie sich Erfurt auf seinem alten Stadtsiegel nannte, strebte im Bauernkrieg 1525 völlige Unabhängigkeit und Durchsetzung der Reformation an. Man demonstrierte dies neben den »28 Artikeln« auch durch ein neues Siegel mit Christus als Weltenrichter.

Kaiser beteuerte man, die kritische Menge nur so von weiteren Gewalttaten abhalten zu können. Die reformatorische Stimmung hatte besonders ab 1522 auch massiv auf das Erfurter Landgebiet ausgegriffen, wo Bauern oft wegen der schlechten seelsorgerischen Zustände begannen, den Zehnt zu verweigern und Boten des geistlichen Gerichts kurzerhand zu verprügeln. Teils auf eigene Faust stellten Landgemeinden lutherische Prediger an.

Sieg des Evangeliums und Unabhängigkeit von Mainz?

Doch der Höhepunkt der Unruhen war noch längst nicht erreicht. Während des Bauernkrieges zogen am 29. April 1525 tausende Bauern des Erfurter Landgebietes in die Stadt ein. Mehrere Tage richtete sich, geschickt vom Stadtrat gesteuert, ihre Zerstörungswut gegen Einrichtungen der Kirche und des Erzbischofs. Die Häuser der Geistlichen wurden geplündert, die Kleriker verließen fluchtartig die Stadt. Symbole des Landesherren wurden zerstört und der Mainzerhof hinter dem Dom geplündert. Nunmehr von evangelischen Mitgliedern um Adolar Huttener geführt, versuchte der Rat die Reformation durchzusetzen und die Mainzer Herrschaft abzuschütteln. Man verfasste 28 Artikel, auf deren Grundlage die städtische Verfassung neu geregelt wurde. Die Gemeinden sollten ihre Pfarrer künftig selbst wählen. Diese hatten nur noch »das lauter wort gottes« zu verkünden. Am 5. Mai 1525 erfolgten die Entpflichtung des Rates aus dem Treueeid gegenüber dem Mainzer Erzbischof und dessen Verpflichtung auf »Gemeinde« und »Landschaft«. Bürger und Bauern hatten jetzt ein kräftiges Wort mitzureden.

Die Verfasser der 28 Artikel strebten eine Bestätigung durch die Reformatoren an und luden Luther zu einer öffentlichen Veranstaltung nach Erfurt – freilich vergebens. Dessen Reaktion wirft vielmehr ein bezeichnendes Licht auf die Haltung gegenüber

---

Der Poetenkönig

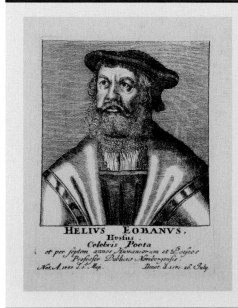

HELIVS EOBANVS.
Hessus
Celebris Poeta
et per septem annos Humanorum et Bonoros
Professor Publicus Norbergensis
Nat A.1481 L.5. Maj.   Denat. A.1540. 26 July.

Helius Eobanus Hessus (1488–1540) war das Oberhaupt des bedeutenden Erfurter Humanistenkreises in der »Engelsburg«. Aus seinen Reihen trug etwa der Universitäts-Rektor und Luther-Kommilitone Crotus Rubeanus wesentlich mit zu den berühmten »Dunkelmännerbriefen« bei (▶ S. 50). Hessus und die meisten Erfurter Humanisten waren begeisterte Anhänger Luthers. In zahlreichen Veröffentlichungen feierte Hessus den »Erneuerer des Christentums«: »Luther hat als der erste unsrer Zeit das Unkraut auf Christi Acker nicht bloß gesehen, sondern zugleich auch gewagt, mit kräftiger Hacke, mit tüchtiger Hand alles Schädliche zu jäten. Freilich, vor ihm sah es und zeigte es der Welt Erasmus, den an Gelehrsamkeit heute keiner übertrifft. Aber: um so viel wie Zeigen weniger ist als Tun, um so viel hat Luther das größere Verdienst.« Hessus selbst galt den Zeitgenossen als einer der berühmtesten und produktivsten neulateinischen Dichter. Johannes Reuchlin verlieh ihm den Ehrentitel »König der Poeten«. Zeitweise konnte Hessus dem Humanismus auch als Professor an der Erfurter Universität Geltung verschaffen.

Bauernkrieg und städtischen Umbrüchen. Erst vier Monate später antwortete Luther in einem Gutachten, die Artikel seien »wider Gott und Vernunft« und nur dazu angetan, den Rat zum Knecht der Gemeinde zu machen und damit das »unterst zu oberst« zu kehren. Ebenso wie in den »mörderischen und räuberischen Rotten der Bauern« um seinen Gegenspieler Thomas Müntzer sah Luther in den aufsässigen Erfurtern eine Gefahr für sein Verständnis von Reformation und weltlicher Herrschaftsordnung.

Der Rat macht Kompromisse und fördert die Reformation

Im Herbst 1525 war zudem ein Höhepunkt im Reformationsgeschehen erreicht. Mit dem niedergeschlagenen Bauernkrieg verband sich ein Wandel auch in den politischen Machtverhältnissen. Die Entscheidungsschlacht am 15. Mai 1525 bei Frankenhausen hatte nur zehn Tage nach der symbolisch vollzogenen Unabhängigkeit Erfurts stattgefunden. Die Fürstenheere hatten eine blutige Demonstration geliefert. Mühlhausen verlor wegen seiner aktiven Rolle im Bauernkrieg vorübergehend seinen Reichsstadt-Status. Auch das unabhängige und evangelische Erfurt war so nur eine kurze Episode. Noch im Verlaufe des Jahres 1525 kam der alte Rat wieder ins Amt und bestrafte die Rädelsführer des Bauernaufstandes. Er schlug jetzt in Religionsfragen versöhnliche Töne an und suchte 1526 den Ausgleich mit dem Mainzer Erzbischof. Erfurt musste die vertriebenen Geistlichen zurückholen, mit denen auch die katholische Konfession wieder in den Mauern der Stadt einkehrte.

Der Stadtrat verfolgte fortan eine realpolitische Linie. Sie zielte auf den Erhalt der Eintracht in der Bürgerschaft und der außenpolitischen Autonomie. Die einseitige Durchsetzung einer Konfession musste in seinen Augen beides gefährden. Zudem bekam die alte Taktik des Lavierens zwischen dem weiterhin katholischen Mainz und dem nun evangelischen Sachsen eine neue Komponente. Der kurzzeitige Sieg der Reformation und die Verdrängung des Mainzer Landesherrn hatten die Gefahr aufgezeigt, nun vom sächsischen Schutzherrn vereinnahmt zu werden. Schon seit Langem hatten die Wettiner begehrliche Blicke auf die reiche Stadt inmitten ihrer thüringischen Ländereien geworfen. Andererseits diente die evangelische Bewegung weiterhin als Druckmittel gegenüber dem Klerus und dem Mainzer Erzbischof. Gerne nutzte der Rat das Bekenntnis der lutherischen Prediger zur Obrigkeit. So kam es

1530 schließlich im Hammelburger Vertrag zu einer pragmatischen Einigung Erfurts mit Erzbischof Albrecht von Mainz (▸ S. 54). Dieser wurde als Landesherr erneut formal anerkannt und beide Konfessionen wurden toleriert. Damit fand die »heiße Phase« der Reformation ihr Ende.

Das »Tragen auf beiden Schultern«, das dauerhafte Nebeneinander von evangelischer und katholischer Konfession, stellt eine besondere Folge der Erfurter Reformation dar. Dennoch hat der Protestantismus ein deutliches Übergewicht gewonnen. Trotz seiner Zurückhaltung zeigte der Rat dem neuen Glauben gegenüber Wohlwollen. Die Pfarrer um einen Senior konnten sich zum Evangelischen Ministerium zusammenschließen, gewannen weiter an Ansehen und Einfluss. 1561 wurde ein evangelisches Ratsgymnasium gegründet. Ab 1559 schritt der Rat zum Gottesdienst in der evangelischen Predigerkirche. Die meisten Klöster ließ man »ausster-

Erfurt erreichte in der Reformationszeit zwar keine Unabhängigkeit von Mainz, bewahrte aber seine reichsstadtähnliche Autonomie. Hierfür steht symbolisch der »Römer« auf dem Fischmarkt von 1591

EKD-Ratsvorsitzender Nikolaus Schneider und Papst Benedikt XVI. beim ökumenischen Gottestdienst in der Augustinerkirche am 23.9.2011

▶

Die Ökumenische Martinsfeier auf dem Domplatz zieht jedes Jahr am 10. November Groß und Klein in ihren Bann

ben« und führte sie anderen Zwecken zu. So brachte man das Ratsgymnasium und das Evangelische Ministerium im 1559 aufgehobenen Augustinerkloster unter (▶ S. 26). In der Universität fassten die Evangelischen Fuß, ohne allerdings die Katholiken verdrängen zu können. Im Dreißigjährigen Krieg 1618/48 schickte sich Erfurt sogar noch einmal an, mit Hilfe der Schweden die Reformation voll durchzusetzen und zur Reichsstadt zu werden. Aber auch dieser Anlauf scheiterte, und nur wenig später erfolgte 1664 die Unterwerfung unter Kurmainz.

Erfurt wird zum Symbolort der Ökumene

Der Anteil der Protestanten hielt sich dennoch stets bei über Dreiviertel der Bevölkerung und belief sich seit dem 19. Jahrhundert auf gut 80 %. Der Übergang Erfurts an Preußen 1802/14 stärkte die Position der Protestanten weiter. In der DDR-Zeit hat sich das Verhältnis allerdings deutlich gewandelt. Die Statistik des beginnenden 21. Jahrhunderts weist nur noch 21,0 % bekennende Christen unter den 200.000 Erfurtern auf, darunter 14,0 % evangelische und 7,0 % katholische. Dennoch konnte sich die Evangelische Kirche über alle Verfolgungen und Schikanen hinweg im totalitären SED-Staat be-

haupten. Während der Friedlichen Revolution 1989 spielte sie als Handlungsträger und Obdach nichtkirchlicher Oppositionsgruppen eine wichtige Rolle.

Mit der Ökumene hat auch das traditionelle »Tragen auf beiden Schultern« in einem über Jahrzehnte kirchenfeindlichen Umfeld eine neue Qualität gewonnen. So begeht man jedes Jahr am 10. November die Ökumenische Martinsfeier auf dem Domplatz. Tausende Erfurter und Gäste der Stadt strömen bei Einbruch der Dunkelheit mit Lampions auf den Domplatz, um »Martini« zu feiern. Dabei gedenkt man sowohl des Erfurter Stadtpatrons, des hl. Martin von Tours, als auch Martin Luthers. Zum herausragenden Symbolort der Ökumene ist Erfurt durch das Treffen von Papst Benedikt XVI. mit der Spitze der Evangelischen Kirche am 23. September 2011 im Augustinerkloster geworden. Auch wenn seine Ansprache ökumenische Erwartungen enttäuscht hat, setzte der Besuch des Papstes in einer der wichtigsten Lutherstätten doch ein weltweit beachtetes Zeichen. ●

Der unbekannte Reformator Erfurts – Johannes Lang

Auch wenn wenig von ihm überliefert ist, war der älteste Vertraute Luthers die zentrale Persönlichkeit der Erfurter Reformation

—

VON ANDREAS LINDNER

Kein Porträt überliefert seine Gesichtszüge, sein Wohnhaus und sein Grab sind verschwunden, von seinen Schriften gibt es keine neueren Ausgaben. Während die führenden Köpfe deutscher Stadtreformationen häufig gut erforschte Biographien besitzen, ist der Erfurter Reformator Johannes Lang im Vergleich dazu eine unbekannte Person. Dabei ist er der früheste aller Mitstreiter und lebenslanger Freund Luthers. Beide begegneten sich 1506 im Erfurter Augustinerkonvent, in den er ein Jahr nach dem Eislebener Bergmannssohn eintrat, wenn sie sich nicht sogar schon aus den Universitätsjahren davor kannten.

Lang wurde um 1487 in Erfurt geboren. Über seine Familie ist lediglich bekannt, dass seine Mutter ein Haus in der Kirchgasse unmittelbar am Augustinerkloster bewohnte. Er stammte aus bescheidenen Verhältnissen, suchte und fand Aufstieg über Bildung. So gehörte er zum Humanistenkreis um Mutianus Rufus in der Engelsburg. Sein eigentlicher Mentor aber wurde Nikolaus Marschalk, ein vielseitiger Gelehrter und Druckereibesitzer, bei dem er sich zum Gräzisten bilden konnte. Im Jahre 1500 erscheint er in der Erfurter Universitätsmatrikel. Als Lang 1506 Mönch wurde, hatte er den akademischen Grad eines Baccalaureus Artium erreicht. Im Augustinerkloster war er der Gebende und Luther der Nehmende. Seine Anfangsgründe im Griechischen und Hebräischen und somit den späteren Zugang zu den biblischen Urtexten jenseits der lateinischen Bibel (Vulgata) verdankte Luther Lang.

In der Folgezeit sehen wir Lang in den Spuren Luthers. Er durchläuft bis hin zur Priesterweihe 1508 die gleiche geistliche Bahn. Gemeinsam werden sie 1511 nach Wittenberg versetzt, wo Lang ein Jahr später zum Magister Artium promoviert. Er ersetzt daraufhin Luther in seiner Wittenberger Professur für Moraltheologie, als dieser in der Nachfolge von Staupitz die Professur für die biblische Theologie übernimmt. Auch dafür qualifiziert sich Lang mit dem Grad des Baccalaureus biblicus 1515. Anfang 1516 nach Erfurt zurückversetzt, macht ihn Martin Luther als neuer Distriktsvikar der Thüringisch-Sächsischen Augustiner-Eremiten-Provinz zum Prior ihres Heimatkonvents. Auch im Amt des Distriktsvikars wird Lang 1520 Luthers Nachfolger. Da liegen bereits schwere Jahre hinter ihm in der vergeblichen Bemühung, den Niedergang des Erfurter Konvents aufzuhalten. Luther begleitete ihn mit seelsorgerlichem Rat und Trost.

In derselben Zeit wurde Lang zu einer der treibenden Figuren innerhalb der Bemühungen um eine humanistische Universitätsreform in Erfurt. Im Februar 1519 zum Doktor der Theologie promoviert, war er in diesem Feld der Nehmende und Luther der Gebende. Gleichwohl oder gerade deswegen wurde er zum exponierten Mitstreiter Luthers. In jenen Jahren bis 1523 verband sich in Erfurt der reformatorische Aufbruch mit dem Kampf um die Universitätsreform. Lang musste dabei die Enttäuschung verarbeiten, dass sich sein und aller Humanisten geistiger Übervater Erasmus von Rotterdam nicht für Luther entschied. Deshalb fungierte Lang selbst als Vermittler von Luthers reformatorischen Ideen an der Erfurter Alma mater. Schon 1517 hatte er dessen Thesen »Gegen die Scholastische Theologie« und die ungleich bekannteren 95 Thesen als »Disputation zur Verkündung der Kraft der Ablässe« an die Theologische Fakultät weitergeleitet. 1519 gehörte er zu einem Ausschuss, der die Universität reformieren sollte. Das hieß zunächst vor allem, die niveauvolle Ausbildung eines trilingualen Studienangebots für Hebräisch, Griechisch und Latein aufzubauen. Griechisch lehrte er selbst im Wintersemester 1519/20.

Das war jene Zeit, in der Lang endgültig als Anhänger Luthers in die Öffentlichkeit trat. Als Teilnehmer der Leipziger Disputation Luthers gegen Eck im Sommer 1519 veröffentlichte er deren Protokolle, nachdem die Erfurter Universität sich auf die Seites Ecks gestellt hatte. So verhalf er dem Wittenberger Freund zum Sieg im Kampf um die öffentliche Meinung. Die Universitätsreform blieb jedoch stecken, da Humanisten und Konservative im Rektorenamt abwechselten. Luthers Predigt auf seiner Durchreise zum Wormser Reichstag 1521 bildete ungewollt den Zenit dieses Ringens. Nach dem Erfurter Pfaffensturm vom Juni 1521, den Lang im Gegensatz zu Luther stillschweigend billigte, trat er im Januar 1522 aus seinem Konvent aus. Nach seiner eigenen Darstellung fühlte er sich im Augustinerkloster seines Lebens nicht mehr sicher. Im Folgenden ist sein Leben durch die typischen Facetten eines Reformators gekennzeichnet: den Versuch, den Altgläubigen in öffentlichen Disputationen entgegenzutreten, eine intensive Predigttätigkeit, die praktische Organisation des Gemeindelebens nach reformatorischen Kriterien und die letzte Beglaubigung seiner Entscheidung durch die eigene Ehe 1524 mit der wesentlich älteren Witwe eines Weißgerbers und Ratsherren.

Johannes Lang war nicht nur Spiritus rector der Erfurter Reformation, sondern auch enger Mitstreiter Martin Luthers. Als Philologe und Bildungsreformer gab er dem befreundeten Reformator wichtige Impulse.

Man sieht auch wohl keine große Armut oder Bedürftigkeit in den Klöstern / wenn man die großen / hohen Häuser / tiefen Keller / köstlichen Gewölbe ansieht / die Herren und Fürsten kaum erbauen und erhalten könnten. Die Städte hätten's freilich keinem Fürsten oder Grafen zugelassen / dass sie solche offensichtlichen Raubschlösser mitten in die Stadt an den besten Stellen gebaut hätten.

Zu einer Disputation kam es aber nur einmal 1522 in Weimar mit dem Franziskaner Augustin von Alveldt über die christliche Freiheit. Der Erfurter Rat, der bis zur Klärung der kirchlichen Verhältnisse durch den Hammelburger Vertrag 1530 (▶ S. 54) eine äußerst flexible Religionspolitik betrieb, hatte an solchen Veranstaltungen kein Interesse. Wesentliches Ergebnis war die Neustrukturierung der Erfurter Gemeinden, die bereits 1525 in ihrer Aufteilung von evangelischen und katholischen Kirchen die Gestalt annahm, die sie heute noch hat. Lang wurde nun zum Reformator Erfurts, da er als einziger evangelischer Geistlicher überall und vor allem an den Brennpunkten agierte. Dabei wurde er fast zerrieben zwischen den Erwartungen der Wittenberger hinsichtlich einer gänzlichen Reformation der Stadt und dem politisch taktierenden Magistrat, der sich alle Möglichkeiten offen lassen wollte.

Einen besonders hohen Symbolwert hatte dabei die Stiftskirche St. Marien. Hier hatte sich im Gefolge der Bauernunruhen des Frühjahrs 1525 die Möglichkeit des Zugriffs ergeben. In der Folge lieferte sich Lang einen sehr unerquicklichen Kanzelstreit mit der Stiftsgeistlichkeit im heutigen Dom, in dem er aber schließlich nachgeben musste. Nominell war seine Kirche die Michaeliskirche, die er aber durch die Anstellung eines Kaplans versorgen ließ. Durch seine Heirat vermögend geworden, konnte er sich das leisten. Als seine Frau 1528 starb und er noch einmal eine sehr viel jüngere heiratete, setzte er sich Verdächtigungen aus, die zeitlos sein dürften. Dieser zweiten Ehe entsprangen zwei Söhne und eine Tochter.

Höhepunkt seines reformatorischen Wirkens dürften die Teilnahme am Konvent von Schmalkalden und seine Unterschrift unter die Schmalkaldischen Artikel gewesen sein. Da er diese Unterschrift namens der Erfurter evangelischen Prediger leistete und sich auf der Umschrift seiner Grabplatte die Bezeichnung »superattendens« befand, gilt Lang als erster Erfurter Superintendent. Ob er es im juristischen Sinne war, muss offen bleiben.

Bei aller Leidenschaft für die Sache des Evangeliums und abgesehen vom Kampf um St. Marien scheinen Lang die Fähigkeit innovativen Vorausdenkens und – für die Erfurter Situation unerlässlich – eine große Portion Pragmatismus ausgezeichnet zu haben. In der ersten Hinsicht wurde er auch noch einmal zum Gebenden für Luther. Obwohl er sich theologisch an Luther bildete, finden sich bei ihm Impulse, die jeweils kurze Zeit später von Luther aufgegriffen wurden und damit große Verbreitung fanden. Da ist zunächst seine Verdeutschung des Matthäusevangeliums, die im Juni 1521 erschien. Sie lag Luther vor, als er auf der Wartburg gerade zum großen Wurf der Übersetzung des Neuen Testaments ansetzte. Beide arbeiteten sie mit der griechischen Ausgabe des Neuen Testaments von Erasmus von 1516. Dann Langs Impulse zu einer Schul- und Bildungsreform in seiner Eröffnungspredigt zum Wintersemester 1523/24, die sich inhaltlich identisch in Luthers Schrift »An die Ratsherren aller Städte deutschen Landes, dass sie christliche Schulen aufrichten und erhalten sollen« von 1524 wiederfinden.

In der zweiten Hinsicht hatte er keine Bedenken, 1525 die deutsche Gottesdienstordnung des doch als »Teufel von Allstedt« verschrienen Thomas Müntzer leicht adaptiert für Erfurt zu übernehmen. Luthers »Deutsche Messe« war da noch nicht erschienen. Dessen Einverständnis holte Lang vorsichtshalber ein. Lang und Müntzer kannten sich möglicherweise persönlich, falls Müntzer tatsächlich 1521/22 als Lateinlehrer im Peterskloster fungierte. Sie korrespondierten jedenfalls miteinander, am Ende im theologischen und persönlichen Dissens.

Lang blieb es nicht erspart, die Katastrophe des Schmalkaldischen Krieges 1546/47 mitzuerleben, bevor er am 2. April 1548 starb. Diese Zeit spiegelte sein Leben unablässiger Mühen und nie abgesicherter Erfolge einer Stadtreformation zwischen den drängenden Vätern der Reformation in Wittenberg und einem zögernden Rat. ●

▶ **PD DR. ANDREAS LINDNER**
ist Mitarbeiter am Martin-Luther-Institut der Universität Erfurt. Seine Forschungsschwerpunkte sind Reformationsgeschichte, Kirchen- und Theologiegeschichte der Frühen Neuzeit und Bildungsgeschichte.

Luthers Erfurter Predigten

Insgesamt vier Predigten Luthers sind überliefert, die er in Erfurt gehalten hat. Sie spiegeln die Eckpfeiler reformatorischer Theologie vor dem Hintergrund der dramatischen historischen Entwicklung

—

VON ANDREAS LINDNER

Alle vier Predigten versuchen, ihren Hörern die elementaren Grundzüge der lutherischen Theologie nahezubringen: allein aus dem Wort – allein aus Glauben – allein durch Christus – allein aus Gnade. Zentrum alles Predigens bleiben immer Christus und sein Heilswerk.

Die erste Predigt vom 7. April 1521 hielt Luther in einer emotional sehr aufgewühlten Situation. Der Weg von Wittenberg nach Worms zur Verantwortung vor Kaiser und Reich gestaltete sich zu einem Triumphzug und führte ihn doch einem ungewissen Schicksal entgegen. Dazu predigte er in der Augustinerkirche, in der er jahrelang gebetet und in der er selbst seine erste Messe gefeiert hatte. Die Predigt ist an die reguläre Sonntagsperikope vom ungläubigen Thomas, Joh 20,19–30, angelehnt. Ihr Grundthema ist die Unterscheidung eigener und fremder Werke, eigener und fremder Gerechtigkeit. Unter den eigenen Werken versteht Luther die gängige Frömmigkeitspraxis der Stiftungen, Wallfahrten und Bußübungen. Sie sind ihm der Wahn, mit dem das Volk vom Papsttum zu dem Irrtum verführt wird, man könne sich seine Seligkeit selbst erwerben. Das vermochten noch nicht einmal die Heiligen mit ihren Werken oder die Mutter Gottes durch ihre Jungfrauschaft. Dagegen setzt er seinen christologischen Ansatz, den er nach der Adam-Christus-Typologie in Röm 5,12–20 entfaltet. Der Mensch ist Sünder, weil ihm die fremde Sünde Adams angerechnet wird. Da Christus für ihn litt und starb, ist der Mensch auch durch ein fremdes Werk erlöst worden. Der Glaube an Christus bringt die Gerechtigkeit. Alles andere ist Selbstbetrug. Luther setzt hier ausdrücklich das Evangelium und Paulus als Erkenntnisgrund des Glaubens gegen päpstliche Briefe und Erlässe. Er beklagt den Mangel an fähigen Predigern. Auch die noch etwas Tauglichen behandeln das Evangelium nur oberflächlich. Sie vermischen es mit Fabeln, Sagen und heidnischer Philosophie. Letztere vor allem befördert die falsche Lehre, gute Werke machten fromm. Luthers These lautet umgekehrt: Fromme Leute tun gute Werke.

Im Vorblick auf sein Reiseziel Worms muss er die Wahrheit sagen, und wenn es ihn 20 Hälse kostet. Das ist die Ansage der Martyriumsbereitschaft. Da er sich mit Gott verbunden weiß, wird er den Bann des Papstes nicht achten. Um aber nicht in den Ruf zu kommen, der Anarchie das Wort zu reden, ruft er einen jeden auf, nach seinen Möglichkeiten mit seinen Werken dem Nächsten nützlich zu sein.

Die zweite Predigt vom 21. Oktober 1522 hat er gewissermaßen in der Höhle des Löwen gehalten. Die Michaeliskirche war die Kirche der ihr gegenüber im Collegium maius angesiedelten

Die Erfurter erlebten Luther mehrfach als unerschütterlichen Prediger des Glaubens.

Philosophischen Fakultät der Universität. Die war Luther inzwischen alles andere als gutgesinnt, denn er schadete mit seiner Philosophie-Kritik ihrem Ruf. Es ist der Tag der hl. Ursula und ihrer 11.000 Jungfrauen, ein hoher Tag des von Luther so abgelehnten Heiligenkultes. Die hl. Ursula war besonders beliebt, weil Gebete zu ihr dem Beter nicht nur ihre, sondern 11.000 weitere himmlische Fürbitten sicherten. Im ganzen Reich gab es Bruderschaften vom Ursulaschifflein, in denen man solche Gebete aktenkundig gleichsam als ein himmlisches Kapital anlegen konnte. Luther hat dafür den Ausdruck »Lügengeschichte« übrig und widmet sich lieber dem Evangelium des Tages, dem Gleichnis »Von den klugen und den törichten Jungfrauen«, Mt 25,1–13.

Grundthema der Predigt ist die Bewahrung des Evangeliums. Die klugen Jungfrauen sind die, deren Lampe das Gesetz der äußeren Dienstbereitschaft der Nächstenliebe ist, deren Öl aber der Glaube und das Vertrauen in Christus sind. Denn Christus hat die Sünde, den Tod, die Hölle und den Teufel überwunden – eine Vierheit, die Luther in der Predigt immer wieder anspricht. Diesen Glauben schafft Gott in ihren Herzen. Die törichten Jungfrauen können auch evangelisch sein und das Wort Gottes gern anhören. Sie lassen es aber nicht als Glauben in ihr Herz dringen und ändern sich nicht, d. h. sie haben kein Öl.

Luther flicht massive Polemik gegen die intellektuellen Verteidiger des alten Glaubens und Kirchenwesens ein. Die Gegner, die das Evangelium verfälschen und verfolgen, erreichen noch nicht einmal den Status der törichten Jungfrauen. Von solchen Leuten gebe es in Erfurt eine Menge. Luther macht sich lustig über die Doktoren und Magister und ihre nutzlosen akademischen Übungen. Natürlich gehört er formal selbst zu ihrem Stand, wozu er sich bekennt. Er gibt auch nicht den sozialen, sondern den inhaltlichen Abtrünnigen. Heute würde man das als Streit um das Wissenschaftskonzept bezeichnen. Die Basis seiner Gegner, die Philosophen, sind ihm stroherne Ritter. Das Bild muss man in seiner Gegensätzlichkeit tatsächlich verinnerlichen. Aus dem von Kopf bis Fuß gepanzerten Ritter wird eine leicht zu durchlöchernde Strohpuppe. Diese Art von Gelehrten strebt nur nach Ehre, materiellen Gütern und Weltfreuden. Hinter ihnen als den Herren der Welt und den Rektoren der Finsternis steht der Teufel selbst. In Bezug auf die Gnade Gottes sind sie ein ungelehrtes Volk.

Zuletzt kommt Luther zu einer scharfen Kritik an der durch den Papst, die Bischöfe und die Konzile repräsentierten Kirche. Mit Gewalt beanspruchen sie das Auslegungsmonopol über die

Schrift. Die Schrift kann aber nach 1 Kor 2,15 von jedem geistlichen Menschen, nach Luthers Verständnis von jedem Getauften und Gläubigen beurteilt werden. Demgemäß müssen sich Papst, Gelehrte und hohe Schulen z. B. einer schlichten Müllersmagd unterwerfen. Der Papst und die Bischöfe sind dann zu hören, sobald sie Christus predigen. Christus als die Mitte der Schrift ist Luthers zentrales Kriterium in all seinem theologischen Tun und damit auch im Predigen. Erfüllte die Gegenseite dieses Kriterium, wäre sie für ihn auch wieder akzeptabel.

Die dritte Predigt in der Kaufmannskirche vom 22. Oktober 1522 kommt gleich zum Kern der Sache. Die Christen sollen unterscheiden lernen, was das Evangelium ist und was nicht, wer es verkündet und wer nicht. Die wahren Apostel verkünden Christus. Da das aber auch die falschen Prediger tun, muss man wissen, was die Christusbotschaft beinhaltet, nämlich das Heil und die Seligkeit, die uns Christus erworben hat. Der Christ hat seinen Namen von Christus und den Glauben, von ihm alles empfangen zu haben. Das lässt sich mit keinem Werk erlangen, auch nicht mit an sich guten Werken, für die er hier Fasten und Beten nennt. Einsichtig wird das daran, dass auch Ketzer, Ungläubige und Türken beten und doch deswegen keine Christen sind. Eine Frau, ein Fürst und ein Bürger leiten ihren Namen nicht von dem ab, was sie tun, sondern von dem, dem sie zugehören: dem Ehemann, dem Fürstentum, der Bürgerschaft. Die Gegner versuchen, sich durch eigene Werke von den einfachen Gläubigen abzuheben, denn wenn der Glaube allein reicht, fallen alle Schranken zumindest innerhalb der christlichen Gemeinde. Wer neben dem Glauben an Christus noch irgendwelche Werke einfordert, erklärt damit das Heilswerk Christi für nicht ausreichend.

Luther entfaltet nun die reformatorische Ethik zur Frage nach den guten Werken. Sollen diese nicht mehr getan werden? Werke, die der Mensch aus eigenem Antrieb und Erfindung tut, um gut da zu stehen oder gar seine Sünde zu tilgen und fromm zu werden, sind schlecht. Denn dann wäre Christus ja überflüssig. Gut sind demnach die Werke, die Gott geboten hat und die dem Glauben an Christus entspringen. Sie dienen nicht irgendeinem Eigennutz, sondern geschehen um Gottes und des Nächsten willen. Er hat hier die Werke der Barmherzigkeit nach Mt 25, 31–40 im Blick.

In diesem Zusammenhang polemisiert er heftig gegen Erscheinungsformen der spätmittelalterlichen Kreuzesfrömmigkeit: Kreuzesreliquien, den heiligen Rock zu Trier und Kreuzesfeste wie die Auffindung und Erhebung des Kreuzes. Wegen dieses extremen Missbrauches wünscht er, es wäre nie aufgefunden worden. Das Kreuz tragen ist mehr wert als das Kreuz finden.

Die vierte Predigt vom 11. Oktober 1529 ist wie die erste eine Reisepredigt. Diesmal aber nicht unter der Spannung einer anstehenden Entscheidung, sondern in der Entspannung einer gefallenen Entscheidung. Luther befand sich auf der Rückkehr vom Marburger Religionsgespräch. Dieses hatte endgültig entschieden, dass die schweizerisch-oberdeutsche und die lutherische Reformation ihren Weg nicht in Einmütigkeit gehen konnten, auch wenn es viele Berührungspunkte gab.

Luther fügt sich als Gastredner über Joh 5,43 in die Montag-Reihenpredigt an der Barfüßerkirche zum Johannesevangelium ein: »Ich bin im Namen meines Vaters gekommen.« Wieder ist der christologische Grundtenor vorgegeben. Er nutzt im Vergleich zu den früheren Predigten lediglich andere Begriffe und Beispiele, um zu zeigen, dass nur der Christ sein könne, der sich an Christus halte. In diesem Sinne ist ihm sein Predigtvers erschreckend und tröstend. Erschreckend für alle, die anderen Namen bzw. Lehren nachfolgen. Darunter versteht er wieder die alten Frömmigkeitspraktiken. Sie sind der Vernunft eingängiger als die Gnade und Gerechtigkeit Christi, an die sich das glaubende Gewissen bindet. Die Annahme des Heilswerks Christi ist zugleich die tröstende Seite des Verses.

Im Folgenden setzt er sich mit seinen innerprotestantischen Gegnern, den Wiedertäufern und mit Zwingli auseinander. Sein Hauptaugenmerk liegt jedoch noch einmal darauf, die mönchische Lebensweise als heilbringend zu bestreiten. Er warnt davor, aus dem natürlichen eigenen Ehrbedürfnis heraus zu handeln, das mittels Ansehen, Reichtum und Weisheit nach Eigenruhm in der Welt strebt. Der Christ hat keine eigene Ehre, sondern sieht diese vollkommen in Christus. Reichtum, Weisheit und Tüchtigkeit sind gute Gaben Gottes, die in Wirtschaft, Staat und Erziehung eingesetzt werden sollen, aber als innerweltliche Kategorien zu belassen sind. Sie tragen nichts für das Heil des Menschen aus. ●

> »Ich weiß wohl, dass man es nicht gern hört. Aber ich will die Wahrheit sagen und muss es tun, sollte es mich auch zwanzig Hälse kosten.«

Briefe gegen die »Dunkelmänner«

An der berühmtesten Satire gegen Scholastik und Klerus war mit Crotus Rubeanus ein Vertreter des Erfurter Humanistenkreises maßgeblich beteiligt

—

VON GERLINDE HUBER-REBENICH

Deckblatt der Dunkelmännerbriefe

▶

Rektoratsblatt des Crotus Rubeanus (1480–1545) aus der Universitätsmatrikel von 1520 mit den Wappen weiterer Erfurter Humanisten

Die »Dunkelmännerbriefe« (»Epistolae obscurorum virorum«) sind ein frühes Beispiel für eine Medienkampagne, die von einem konkreten Anlass ausging, deren Stoßrichtung aber schnell eine eigene Wendung nahm: Im Jahr 1507 hatte Johannes Pfefferkorn, ein zum Christentum konvertierter Jude, voller Eifer für den neuen Glauben in seinem »Judenspiegel« von Maximilian I. die Vernichtung allen rabbinischen Schrifttums gefordert. Nach anfänglicher Zustimmung beauftragte der Kaiser 1509 nachträglich den Erzbischof von Mainz mit der Prüfung der Angelegenheit. Dieser holte von verschiedenen Instanzen Gutachten ein. Darunter befanden sich der Dominikaner Jakob von Hoogstraten, Inquisitor der Kirchenprovinzen Köln, Mainz und Trier und zugleich Theologieprofessor an der Universität Köln, und der Humanist Johannes Reuchlin, einer der führenden Hebraisten seiner Zeit.

Unter allen Befragten war Reuchlin der einzige, der statt zur Vernichtung der jüdischen Literatur zu deren Studium riet. Als Maximilian ihm folgte, veröffentlichte Pfefferkorn 1511 mit seinem »Handt Spiegel« eine weitere Polemik, auf die Reuchlin noch im selben Jahr mit seinem »Augenspiegel« reagierte. Dieser wurde wiederum der Kölner Theologischen Fakultät zur Prüfung der Rechtgläubigkeit übergeben, die ihn schließlich für ketzerisch erklärte und 1514 verbrennen ließ. Hoogstraten strengte bei der römischen Kurie ein Verfahren wegen Häresie gegen Reuchlin an, das der humanistenfreundliche Papst Leo X. jedoch an den Bischof von Speyer zurückverwies, der den Angeklagten freisprach. Hoogstraten gab aber keine Ruhe, so dass sich der Prozess noch mehrere Jahre hinzog. 1520 musste Reuchlin schließlich doch widerrufen, und sein »Augenspiegel« kam auf den Index der verbotenen Bücher.

Vielen Zeitgenossen, die den Prozess mit Interesse verfolgten, ging es allerdings längst nicht mehr um die Frage der Existenzberechtigung rabbinischer Literatur. Vielmehr ergriffen zahlreiche Anhänger des Humanismus die Partei Reuchlins, den sie als Opfer des kirchlichen Establishments und des überkommenen scholastischen Bildungssystems, vertreten durch die Kölner Universität, sahen. Ihre Solidarität bekundeten sie in Briefen, die Reuchlin selbst zur Stärkung seiner Position im Jahr 1514 unter dem Titel »Clarorum virorum epistolae« (»Briefe berühmter Männer«) publizierte.

Fiktive Briefe

An diesen Titel knüpfen die »Epistolae obscurorum virorum« kontrastierend an, deren Erstedition im Herbst 1515 erschien. Es handelt sich dabei um eine anonym herausgegebene Sammlung fiktiver Briefe, die fast allesamt an eine konkrete Person, den Kölner Theologieprofessor Ortwin Gratius, adressiert sind. Ursprünglich durchaus offen für humanistische Tendenzen, war dieser insbesondere durch seine Ausgaben und Übersetzungen pfefferkornscher Schriften in den Reuchlin-Streit hineingeraten. In den »Dunkelmännerbriefen« wird er zur Verkörperung eines erstarrten, bornierten Wissenschaftsbetriebs und eines korrupten Klerus stilisiert, über den die humanistischen Verfasser der Briefe Hohn

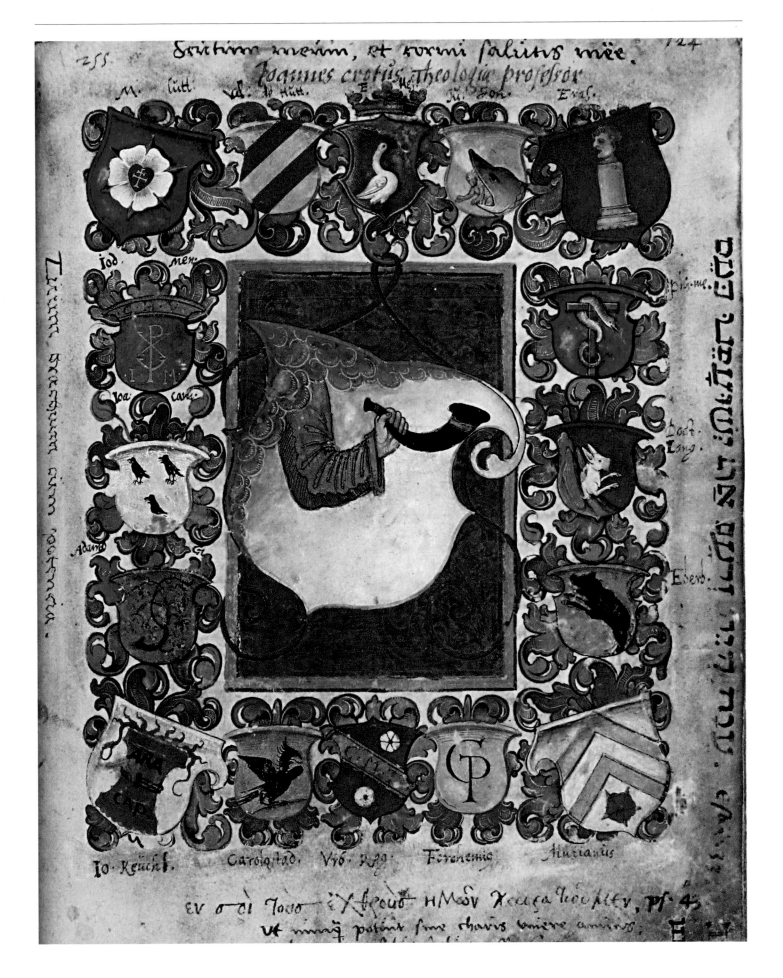

und Spott ausgießen. Sie tun dies, indem sie – als Absender – in die Rolle von Gratius' Schülern schlüpfen, die bei ihrem Lehrer wissenschaftlichen Rat suchen oder ihm über den Stand des Reuchlin-Streites berichten bzw. ihn befragen.

Sowohl das, was sie schreiben, als auch die Art und Weise, wie sie sich ausdrücken, disqualifiziert sie nach humanistischen Maßstäben intellektuell und auch moralisch. Schon ihre Namen (z. B. Dollenkopfius, Straußfederius, Scherscleifferius oder Mistladerius) geben zu erkennen, wes Geistes Kind sie sind. Wenn sie sich mit akademischen Dingen beschäftigen, sind es Quisquilien, die sie umständlich und mit unverhältnismäßigem argumentativen

Die Dunkelmännerbriefe haben als humanistische Satire Eingang in die Weltliteratur gefunden.

Aufwand darlegen. Logische Schlüsse – das Fundament der scholastischen Methode – werden zur Lösung völlig banaler Probleme angewendet. Die Lektüre der Absender bilden scholastische Schulbücher, in denen wichtige Lehrsätze kurz zusammengefasst sind, und wenn sie einmal einen klassischen Autor lesen, den auch ein Humanist schätzen würde, können sie mit dem Wortsinn nichts anfangen, sondern legen ihn – ganz in mittelalterlicher Tradition – allegorisch aus. Das eigentliche Interesse der »Obscuri« aber gilt fleischlichen Genüssen wie Saufgelagen und erotischen Abenteuern oder auch materiellem Profit. In all diesen Angelegenheiten ist Ortwin Gratius ihr Meister, die Autorität schlechthin. Über ihn erfährt man aus den Briefen nebenbei auch so intime und delikate Details wie seine angebliche Affäre mit Frau Pfefferkorn, oder dass er sich einmal öffentlich in die Hosen gemacht hat.

Die Sprache der »Dunkelmännerbriefe« ist ein »barbarisches« Latein, das sowohl die Merkmale der funktionalen scholastischen Terminologie mit ihrem Hang zu Neuschöpfungen als auch das umgangssprachliche Alltagslatein des Spätmittelalters stark übertreibt. Viele Sätze klingen wie Deutsch mit lateinischen Wörtern. Zudem vergreifen sich die »Obscuri« regelmäßig im Stil, besonders mit bombastischen Grußformeln, die der Schlichtheit des für die Humanisten vorbildlichen klassischen

Latein zuwiderlaufen. Selbstverfasste Gedichtbeigaben folgen nicht den Regeln der antiken Metrik, sondern orientieren sich an volkssprachlichen Knittelversen. Kurzum: Die Königsdisziplinen der Humanisten, die alten Sprachen, sind dem Gratius-Kreis ein Buch mit sieben Siegeln. So wird denn auch der Meister dafür gerühmt, dass er in seiner Nebentätigkeit als Verlagslektor in griechischen Texten die überflüssigen Zeichen über den Buchstaben wegkorrigiert habe – gemeint sind die Akzente, deren Wiedereinführung den Humanisten als Errungenschaft galt.

Mit allem, was »Ortwins Schüler« tun und sagen, offenbaren sie ihre und seine geistigen wie charakterlichen Defizite – wohlgemerkt: immer in der diffamierenden Polemik der Humanisten, die in diesem fiktiven Briefcorpus das Gegenbild zu einem gebildeten Humanistenkreis zeichnen, um so – über Ortwin Gratius – die Repräsentanten der scholastischen Tradition und eines ewig gestrigen Klerus lächerlich zu machen.

Die wirklichen Autoren?

Doch wer waren die wirklichen Autoren der »Epistolae«? Auch der unveränderte Nachdruck vom Frühjahr 1516 und die um sieben Briefe erweiterte Fassung vom Herbst desselben Jahres gaben ihre Verfasser nicht preis, ebensowenig der im Frühjahr 1517 erschienene zweite Teil der Sammlung. Erst 1532 lüftete der Lutheraner Justus Menius in einer Streitschrift das Geheimnis, indem er seinen ehemaligen Lehrer Crotus Rubeanus und Ulrich von Hutten als Urheber namhaft machte. Die beiden hatten sich 1503 in Erfurt kennengelernt und waren gemeinsam an die Kölner Universität gewechselt.

Nach seiner Rückkehr nach Erfurt im Jahr 1506 fand Crotus Anschluss an den gelehrten Zirkel um den Gothaer Kanoniker Mutianus Rufus. Diesem Kreis gehörte auch schon der spätere »Poetenkönig« Helius Eobanus Hessus an, von 1514 bis 1526 Haupt des bedeutenden Erfurter Humanistenkreises in der »Engelsburg«, den mit Crotus eine lebenslange Freundschaft verbinden sollte. Es steht völlig außer Frage, dass der Erfurter Kreis im Reuchlin-Streit für den humanistischen Gesinnungsgenossen Partei ergriff und Informationen über den Verlauf des Verfahrens austauschte. Dies belegen etwa Passagen in der Korrespondenz des Mutianus Rufus. Ob jedoch auch andere Angehörige der Gemeinschaft außer Crotus Rubeanus aktiv an der Abfassung der Briefe beteiligt waren, lässt sich nicht nachweisen. In Erfurt zählt man die »Dunkelmännerbriefe« dennoch voller Stolz zum Traditionsbestand der »Humanistenstätte Engelsburg«, heute ein beliebtes Studentenzentrum (▸ S. 20).

Seit Menius' »Enthüllung« wurden viele Mutmaßungen über weitere Autoren angestellt. Die Forschung neigt dazu, Hermann von dem Busche als Mitautor zu sehen. Er hatte Kontakt zum Erfurter Kreis, stellte sich im Streit um die Judenbücher explizit auf Reuchlins Seite und war während seiner Lehrtätigkeit in Köln mit Ortwin Gratius aneinandergeraten. Alles Weitere ist höchst spekulativ. Als halbwegs gesichert gilt immerhin, dass der erste Teil der »Epistolae« mehrheitlich auf Crotus Rubeanus zurückgeht, der zweite aber – mit seinen häufigeren Bezugnahmen auf den Stand des Reuchlin-Prozesses an der Kurie – auf Ulrich von Hutten, der sich 1516 in Rom aufhielt.

Wer auch immer die »obskuren Briefe« geschrieben haben mag – herausgekommen ist ein Werk, das Eingang in die Weltliteratur gefunden hat und über dessen treffende Formulierungen man auch im 21. Jahrhundert noch schallend lachen kann. Doch worauf genau zielt die zum Teil derbe Komik eigentlich ab? Neben der Verfasserfrage harrt nämlich nach wie vor die Gattungsfrage einer Lösung: Ist es eine Satire, die bestehende Missstände in der Gesellschaft anprangert? Ist es eine virtuose Parodie echter Humanistenkorrespondenz (freilich, ohne dieselbe damit herabzusetzen)? Oder ist es eine Invektive gegen Ortwin Gratius, der (zufällig?) im falschen Moment dem falschen Netzwerk angehörte und im Übrigen unter der persönlichen Verunglimpfung, die ihm zuteil wurde, schwer litt, wie seine etwas lahme Erwiderung in den »Lamentationes obscurorum virorum« und der »Epistola apologetica« verrät?

Den Gang des Reuchlin-Prozesses scheint die Medien-Kampagne gegen Ortwin und sein Lager jedenfalls nicht beeinflusst zu haben. Auch distanzierten sich namhafte Humanisten bzw. Rom-Kritiker wie Erasmus von Rotterdam und Martin Luther von dem diffamierenden Ton der Briefe. Abgesehen von der von persönlichen Motiven geleiteten Gegendarstellung Ortwins hinterließen die »Epistolae obscurorum virorum« in den unmittelbar auf die Publikation folgenden Jahrzehnten keine Spuren. Es vergingen fast 40 Jahre bis zum ersten Nachdruck

Die Dunkelmännerbriefe richteten sich gegen den konservativen Klerus, wie er in Erfurt auch von den Kanonikern des Marienstiftes am Dom repräsentiert wurde

aller Briefe in einem Band. In der zweiten Hälfte des 16. Jahrhunderts finden sich vor allem im Umfeld des humanistischen Schuldramas gelegentliche Bezugnahmen auf »Obscuri«, die sich durch ihr jämmerliches Latein auszeichnen.

Anders als man annehmen könnte, geht der deutsche Begriff »Dunkelmänner« nicht auf eine Übersetzung des Werktitels zurück, sondern wurde im 18. Jahrhundert in vulgäraufklärerischen Kreisen im Umfeld des Berliner Hofes geprägt, im Laufe des 19. Jahrhunderts für bigotte und wissenschaftsfeindliche Kleriker gebräuchlich und im sogenannten Kulturkampf in der Polemik gegen die päpstliche Einmischung in die Angelegenheiten des neugegründeten deutschen Kaiserreichs von 1871 angewendet.

•

▸ **PROF. DR. GERLINDE HUBER-REBENICH**
   ist Dozentin für Lateinische Philologie am Institut für Klassische Philologie der Universität Bern.

▸ **WEITERFÜHRENDE LITERATUR**

Wilhelm Binder: Briefe von Dunkelmännern, Stuttgart 1876 (weitere Ausgaben z. B. von Peter Amelung 1964, Karl Riha 1991 und Anton F. W. Sommer 2001).

Fidel Rädle: Die »Epistolae obscurorum virorum«. In: Hartmut Boockmann (Hg.): Kirche und Gesellschaft im Heiligen Römischen Reich des 15. und 16. Jahrhunderts, Göttingen 1994, S. 103–115.

Gerlinde Huber-Rebenich: »Epistolae obscurorum virorum«. In: Franz Josef Worstbrock (Hg.): Deutscher Humanismus 1480–1520. Verfasserlexikon. Band 1.3 (2008), S. 646–658.

Toleranz aus Notwendigkeit

*Der Hammelburger Vertrag von 1530 schrieb
das Nebeneinander von Protestanten und
Katholiken in Erfurt fest*

—

VON UWE SCHIRMER

Der Hammelburger Vertrag von 1530 beendete einen lange schwelenden Streit zwischen Erfurt und dem Erzbischof von Mainz. Der Erfurter Stadtrat hatte es im Laufe des 13. Jahrhunderts verstanden, sich politisch von Mainz zu emanzipieren. Diese selbstbewusste Politik erweckte jedoch Begehrlichkeiten der Nachbarn, insbesondere des Hauses Wettin, gipfelnd im Vertrag von Amorbach und Weimar 1483 (▶ S. 36). Das Streben nach Unabhängigkeit hatte die Stadt in eine Zwickmühle geführt: hier der mächtige Mainzer Stadtherr, dort das expansive Kurfürstentum Sachsen. Und so stand eine vorsichtige Annäherung an Kurmainz neuerlich auf der Agenda des Stadtrates.

Der angestrebte politische Ausgleich erfuhr durch die Reformationswirren einen Rückschlag (▶ S. 36). Allerdings waren es weniger Zerstörung und Plünderung, die das Verhältnis zwischen Magistrat und Erzbischof nachhaltig belasteten. Vielmehr war es der Vertrag vom 29. Juli 1521, der dem Stiftsklerus seitens des Stadtrates aufgedrückt worden war. In dieser Bestimmung wurden alle Sonderrechte in einer bis dahin einmaligen Art beschnitten. Was anfänglich als Erfolg des Rates und der Bürgerschaft angesehen wurde, brachte ihnen in den folgenden Jahren Verdruss und Ärger ein. Und trotzdem strebten die verfeindeten

Parteien 1528 eine Einigung an. Warum? Abermals darf der Blick nicht nur auf Kurmainz und auf Erfurt verengt werden, sondern es sind erneut ihre politischen Kontrahenten einzubeziehen: der Kurfürst Johann von Sachsen sowie vor allem Landgraf Philipp von Hessen, der aufs Engste mit dem ernestinischen Kurfürstentum sowie dem Herzogtum Sachsen verbunden war. Dem dynamischen Landgrafen waren im Januar 1528 gefälschte Unterlagen zugespielt worden, die ein angebliches Kriegsbündnis katholischer Fürsten dokumentieren sollten. Der Mainzer Erzbischof wurde in den manipulierten Schriften ebenso genannt wie die Bischöfe von Würzburg und Bamberg, so dass Philipp umgehend zu rüsten begann und in die fränkischen Hochstifte einfiel. Zwar flog der Schwindel bald auf und der Landgraf brach das Unternehmen ab, er zwang jedoch den Mainzer Erzbischof, den Kardinal Albrecht, ihm die geistliche Gerichtsbarkeit in Hessen abzutreten (Vertrag von Hitzkirchen 1528). Außerdem musste Kurmainz wie auch Würzburg und Bamberg eine »Sühnegeld« in Höhe von 40.000 Gulden zahlen. Die Vorgänge des Jahres 1528, die als Packsche Händel bezeichnet werden, offenbaren, wie gereizt und zerbrechlich die politische Situation im Reich war.

In dieser Situation griff der Schwäbische Bund als nicht unbedeutende Ordnungsmacht ein und versuchte auf dem

Augsburger Bundestag im Herbst 1528 Kurmainz und Erfurt auszusöhnen. Nach langen Verhandlungen gelang dies schließlich in Hammelburg im Jahre 1530. Der Hammelburger Vertrag vom 4. März 1530 enthält sieben Artikel, die Bezug auf die Unruhen in Erfurt vom April 1525 nehmen. In diesem Zusammenhang ist stets von »bäuerische Aufruhr« die Rede. Indirekt wirkt in dem Vertrag auch das Diktat vom 29. Juli 1521 nach, denn Kardinal Albrecht billigt stillschweigend die schwerwiegenden Eingriffe hinsichtlich des Kirchenwesens sowie bezüglich des Stiftsklerus. Somit bestätigt der Mainzer Erzbischof nicht nur den Status quo, er akzeptiert zugleich die Existenz evangelischer Gemeinden in der Stadt. Laut Hammelburger Vertrag hatte der Magistrat 2500 Gulden für die Schäden zu bezahlen, die bei der Plünderung des Mainzer Hofes

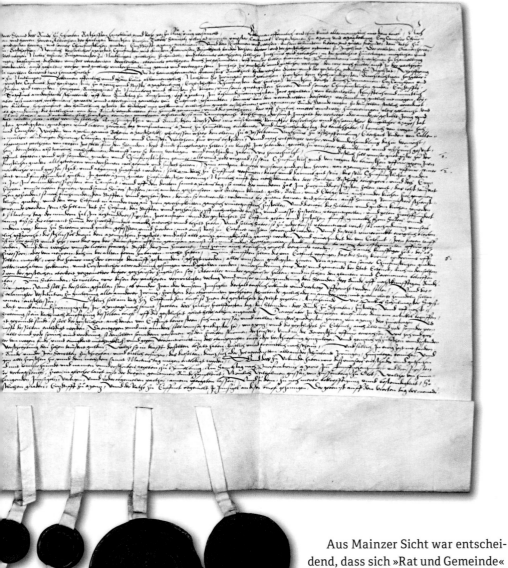

entstanden waren. Außerdem musste er für das silberne Kleinod, das im April 1525 aus den Kirchen entwendet worden war, aufkommen, jedoch nur »so es noch vorhanden sei«. Dem Stadtrat wurde infolgedessen auferlegt, den »Stiften und Gotteshäusern« 1200 Erfurter Gewichtsmark Silber auszuhändigen. Dies entsprach in etwa einem Geldwert von rund 10.000 Gulden. Im Vergleich zum Knebelvertrag von Weimar und Amorbach waren die Hammelburger Bestimmungen hinsichtlich der Sühnegelder beinahe bedeutungslos.

Aus Mainzer Sicht war entscheidend, dass sich »Rat und Gemeinde« als »treue Untertanen« des Erzbischofs ergeben, und dass sie die »geistliche und weltliche Gerichtsherrschaft« des Mainzers »wiederum aufrichten«. Ferner mussten die »Gerichtsstühle und Gerichtshäuser« des Erzbischofs wieder »ganghaftig« werden. Damit erkannte der Rat die Herrschaft des Erzbischofs über die Stadt wieder an. Die einstigen Privilegien des Stiftsklerus, die man 1521 beschnitten hatte, wurden jedoch nicht wieder restituiert. Restituiert wurden allein alle Rechte des Erzbischofs – auch bezüglich des Zolls und des Salzschanks. Die faktische Bestätigung des Diktats vom 29. Juli 1521 war ein großer Erfolg des Stadtrats. Eine andere, weitreichende Bestimmung war im sechsten Artikel festgehalten: »Zum sechsten sollen in den zwei Stiften und zu St. Peter nach altem Herkommen und christlicher alter Ordnung [die Messe] gesungen und gehalten werden, ohne Hinderung des Rates und der Gemeinde.« In allen anderen Gotteshäusern billigte jedoch der Erzbischof dem Rat das Recht zu, über »Glauben und Zeremonien« selbst zu entscheiden. Ausdrücklich verzichtete Kardinal Albrecht darauf, es »keiner Partei zu geben oder zu nehmen, zu erlauben oder zu verbieten«. Dies sollte fortan in den Zuständigkeitsbereich des Stadtrates fallen.

Hinsichtlich der Reformationsgeschichte erscheint der sechste Artikel als die Sensation. Allein dem Rat fallen die Entscheidungen über die konfessionellen Verhältnisse in den geistlichen Institutionen zu – ausgenommen sind einzig die beiden Stifte auf dem Domberg und St. Peter. Offensichtlich hatte es der Erzbischof verstanden, dass »Andersgläubigkeit« nicht Ungehorsam auf weltlichem Gebiet impliziert (Josef Pilvousek). Insofern ist der Hammelburger Vertrag nicht allein wegweisend für das Koexistieren verschiedener Konfessionen im Reich, sondern vor allem hinsichtlich der Unterscheidung zwischen religiösen Fragen einerseits und ihrer Loslösung von politischen Tagesfragen und verfassungsrechtlichen Problemen andererseits. Mit diesem Vertrag, der ein Kompromiss ist und der nicht zuletzt auch aufgrund der komplizierten politischen Gemengelage in Hessen und Thüringen aufgesetzt wurde, wurden die inneren Verhältnisse in Erfurt nicht zuungunsten des Magistrats und der Bürgerschaft geregelt. Der Stiftsklerus gehörte – so man diese Formulierung akzeptieren mag – zu den Verlierern. Zugleich endete mit diesem Vertrag aber auch das Autonomiestreben der Stadt. Der Magistrat begab sich wieder ins Mainzer Fahrwasser. ●

▶ PROF. DR. UWE SCHIRMER
ist Professor für Thüringische Landesgeschichte an der Friedrich-Schiller-Universität Jena.

Schönes und Gelehrtes

Aus Archiven und Bibliotheken

Erfurt bietet für Geschichtsfreunde und Buchliebhaber großartige Schätze. Das Stadtarchiv verwahrt mehr als 5000 laufende Meter Schriftgut aus der Zeit von 1144 bis heute, darunter wertvolle Dokumente zur mittelalterlichen Stadt- und Universitätsgeschichte. Neben zahlreichen weiteren Handschriften und alten Drucken kann die Universitätsbibliothek mit der Bibliotheca Amploniana auf die größte erhaltene Handschriftensammlung eines spätmittelalterlichen Gelehrten weltweit verweisen. Die Stadt- und Regionalbibliothek verfügt neben ihrer Funktion als moderne Serviceeinrichtung ebenfalls über einen reichen historischen Buchbestand.

Weitere Informationen unter:
www.erfurt.de und www.uni-erfurt.de

Luther greift ein

Das Buch präsentiert erstmals die Erfurter Predigten Luthers im Kontext der Reformationsgeschichte. Sie spiegeln zentrale Themen und Konflikte jener aufgewühlten Zeit und bieten einen Querschnitt lutherischer Theologie. Den stadtgeschichtlichen Hintergrund erhellt der Historiker Dr. Steffen Raßloff, die Predigten hat der Theologe Dr. Andreas Lindner bearbeitet und kommentiert.

Andreas Lindner / Steffen Raßloff:
Reformation konkret.
Luther auf Erfurter Kanzeln
Evangelisches Augustinerkloster Erfurt und Tourismusverein Erfurt
2012, 112 Seiten, 9,90 €

Andreas Lindner und Steffen Raßloff

Reformation konkret
Luther auf Erfurter Kanzeln

Neues vom Geschichtsverein

Der Erfurter Geschichtsverein gibt seit 1865 das Jahrbuch Mitteilungen des Vereins für die Geschichte und Altertumskunde von Erfurt (MVGAE) sowie eine Schriftenreihe mit Monographien und Sammelbänden heraus. Er veranstaltet Vorträge, Fachtagungen und Exkursionen. Die Themen Luther, Reformation und Universität sind dabei traditionelle Schwerpunkte. So wird 2012 ein Band zur Gründungsgeschichte der Alma mater Erfordensis erscheinen, der die These von der ältesten Universität Deutschlands (1379) untermauert.

Mitteilungen

des Vereins für die Geschichte und Altertumskunde von Erfurt

72. Heft
Neue Folge · Heft 19
2011

Verein für die Geschichte und Altertumskunde von Erfurt

Der Verein ist im **Stadtmuseum Erfurt** (▶ S. 30) angesiedelt (Internet: www.erfurt-web.de)

Auf Spurensuche

Der Publizist Heinz Stade und der Theologe Dr. Thomas A. Seidel laden ein zu einer Reise durch 50 Lutherorte von Altenburg bis Zwickau. Dabei führen sie den Leser auf zahlreiche Spuren des Reformators.

Heinz Stade / Thomas A. Seidel:
Unterwegs zu Luther
Wartburg Verlag Weimar/Eisenach
2010, 264 Seiten, 14,90 €

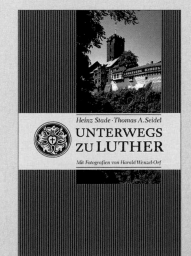

Heinz Stade · Thomas A. Seidel
UNTERWEGS ZU LUTHER
Mit Fotografien von Harald Wenzel-Orf

Kernland der Reformation

Die populäre Überblicksdarstellung verdeutlicht die Bedeutung Thüringens für Luther und als »Kernland der Reformation«, eingeordnet in die großen Traditionen des Kulturlandes um Welterbe Wartburg und Weimar.

Steffen Raßloff:
Geschichte Thüringens
Verlag C.H.Beck München
2010, 128 Seiten, 8,95 €

C.H.BECK WISSEN

Steffen Raßloff
GESCHICHTE THÜRINGENS

KIRCHEN DER STADT

Erfurts einmalig dichte Kirchenlandschaft bietet auf Schritt und Tritt großartige Baudenkmale, in denen sich auch die Ergebnisse der Reformation widerspiegeln. Zahlreiche Gotteshäuser einschließlich des katholischen Doms sind mit der Biographie Luthers verknüpft.

»Erfordia turrita«

Ein Rundgang durch die zahlreichen Kirchen macht deutlich, warum Martin Luther voller Bewunderung vom »türmereichen Erfurt« sprach

—

VON HEINZ STADE

»E rfordia turrita«, das »türmereiche Erfurt«, hieß es im 15. Jahrhundert von der blühenden Handels- und Kulturstadt an der Gera. Rund 80 kirchliche Gebäude, davon etwa die Hälfte Kloster- und Pfarrkirchen sowie Kapellen, prägten zur Zeit Martin Luthers ihre Silhouette. Wissend um diese Fülle wundert es nicht, dass man von Erfurt als dem »thüringischen Rom« oder »Rom des Nordens« sprach. Wenig später sollte diese reiche Kirchenlandschaft als Ergebnis der Erfurter Reformation (▸ S. 36) zwischen Protestanten und Katholiken aufgeteilt werden. Zwar fiel die Mehrzahl der Pfarr- und Klosterkirchen Ersteren zu, der stadtbildprägende Domhügel aber blieb bis auf den heutigen Tag in katholischer Hand.

Vom Petersberg aus, der im Mittelalter höchsten Erhebung innerhalb der Stadtmauer, lässt sich die Stadt gut überschauen. Das neben dem Domberg aufragende Areal wurde bis zur Säkularisierung im Jahr 1803 vom Kloster St. Peter und Paul belebt und bis ins 20. Jahrhundert als Festung genutzt. Hier soll der Spaziergang durch die Kirchenlandschaft beginnen. Von der auch als »zweite Stadtkrone« firmierenden Erhebung gibt sich Erfurt schon auf den ersten Blick als noch immer sehr turmreich zu erkennen. Jedoch nicht sofort ersichtlich wird, dass einigen der Türme die vormals zugehörigen Gotteshäuser fehlen. Die Entfestigung und Erweiterung der Stadt, veränderte Straßenführungen und auch Kriege waren dafür ursächlich. Aber es gibt auch den umgekehrten Fall, dass dem Gotteshaus die Türme fehlen. Die Reste der romanischen Kirche auf dem Petersberg, die wir als Erste besichtigen, stehen für diese Situation.

Die ehemalige Klosterkirche auf dem Petersberg

Um die Mitte des 11. Jahrhundert bestand auf dem Petersberg ein Kanonikerstift. Erzbischof Siegfried I. von Mainz hob dieses auf, ersetzte die Kanoniker durch Mönche und gründete an derselben Stelle um das Jahr 1060 ein Benediktinerkloster. Im Gründungsprivileg ist nachzulesen, dass zu dieser Zeit »nur Kanoniker und keine Mönche in Erfurt Gott dienten und die, welche die Welt verachteten, sich außerhalb Erfurts zu einer Mönchsgemeinschaft begeben mussten«. Das eng mit dem Leben des mittelalterlichen Erfurt und Thüringen verbundene Peterskloster wurde für lange Zeit zu einem unumstrittenen politischen, wirtschaftlichen und kulturellen Faktor.

Diese historische Bedeutung und ihren hohen künstlerischen Rang sieht man der einstigen Klosterkirche St. Peter und Paul nicht zwangsläufig an. Zwar prägt sie mit ihrer Länge von 75 Metern das obere Plateau des ab dem 17. Jahrhundert zur mächtigen Festung ausgebauten Petersberges. Doch erst beim näheren Hinschauen gibt das Gebäude seine äußere wie innere Einzigartigkeit zu erkennen. Nach der Grundsteinlegung im Jahre 1103 mussten 44 Jahre vergehen, bis die nach dem Vorbild der Hirsauer Schule errichtete dreischiffige Pfeilerbasilika

◀ S. 58
Vom Petersberg bieten sich zahlreiche Ausblicke auf die noch immer türmereiche Altstadt

Modell des Petersklosters vor seiner Zerstörung 1813

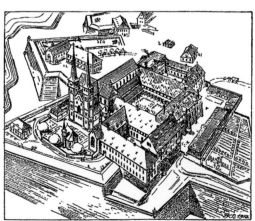

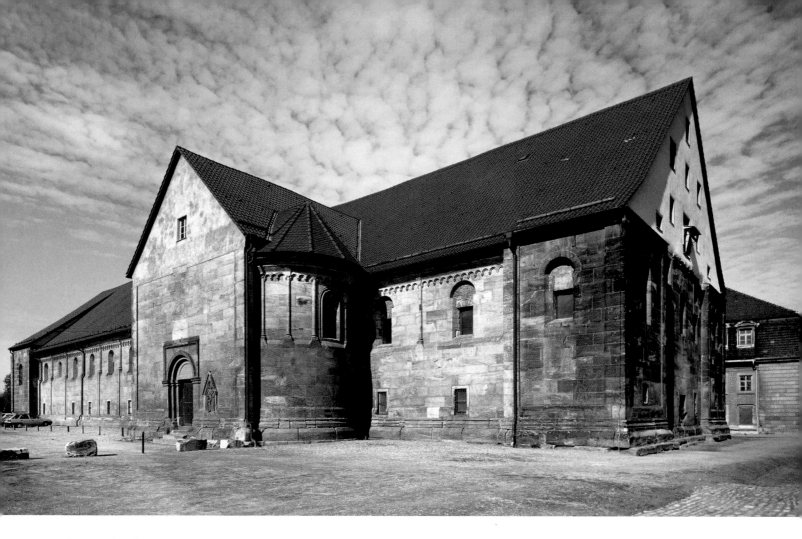

geweiht werden konnte. Folgenschwere Schäden erlitt das 1803 säkularisierte Kloster im Jahr 1813, als preußische Truppen die von Franzosen gehaltene Festung Petersberg beschossen. Dabei verbrannten auch das Dach und die Innenausstattung der Kirche völlig. Dem anschließenden Teilabbruch fielen Obergaden und Türme zum Opfer. Dies diente dem Ziel, die Kirche als Lagerhaus der preußischen Garnison zu nutzen. Ein riesiges Satteldach überragt seitdem den Bautorso, in dessen Innenraum hölzerne Zwischendecken eingezogen wurden.

Trotz dieser schwerwiegenden Eingriffe ist an vielen Details das Besondere des Bauwerkes ablesbar. An den aus sorgfältig behauenen Quadern errichteten Außenwänden gehören dazu eine um 1360 entstandene Ritzzeichnung, ein kaum zehn Jahre älteres Kreuzungsrelief und eine Inschrift, welche an die Pest von 1382 erinnert. Im Inneren sind es neben der architektonischen Struktur Fragmente einer mittelalterlichen Wandmalerei sowie die erhaltenen Säulen und Würfelkapitelle, die von der Größe und Würde des einstigen Gotteshauses sprechen. Die seit 1994 zur Stiftung Thüringer Schlösser und Gärten gehörende, denkmalpflegerisch behutsam betreute Peterskirche wird im Erdgeschoss vor allem als Ausstellungsort für das international renommierte »Forum Konkrete Kunst« genutzt. Der Förderverein Collegiatstift St. Peter & Paul e. V. knüpft mit seinen Veranstaltungen an die geistliche und künstlerische Historie des Ortes an und sucht ihm damit eine adäquate Nutzung für die Zukunft zu geben.

St. Marien und St. Severi auf dem Domberg

Der Domberg ragt als letzter Ausläufer der Alacher Höhen vom Westen her in das mittelalterliche Stadtgebiet hinein. Fuß und Kuppe des steilen Hügels waren im Mittelalter dicht bebaut. Die über die Zeiten verbliebenen Kirchen St. Marien und St. Severi gelten als eines der schönsten Bauensembles Deutschlands. Zu dessen Erhaltung wurde in den zurückliegenden Jahrzehnten viel getan. Der Mariendom erhielt wieder das mittelalterliche große Walmdach, seine Sandsteinfassaden wurden saniert, die Dächer neu gedeckt. Dom und Severi wurden innen ausgemalt, der 70 Zentimeter lange Riss in der Glocke »Gloriosa« geschlossen, die mittelalterlichen Glasscheiben im Dom notgesichert und das Areal südwestlich des Doms neu gestaltet. Saniert und modern ausgestattet für verschiedene Nutzungen präsentiert sich die mittelalterliche Clemens-Kapelle,

Die romanische Peterskirche ist nur als Torso erhalten, der aber noch immer beeindruckt

▶ S. 62
Das Ensemble von Mariendom und Severikirche gehört zu den bedeutendsten mittelalterlichen Baudenkmalen in Deutschland

welche diesen Platz beschließt. Die mittelalterlichen farbigen Fenster des Mariendoms zählen zu den qualitätsvollsten Werken ihrer Gattung. Der sich noch an ursprünglicher Stelle befindende Bestand von ca. 1000 Scheiben stellt ein kulturelles Erbe von europäischem Rang dar. Der Bogen ihrer Entstehung reicht vom 14. bis ins 20. Jahrhundert, wobei lediglich das 1960 eingebaute Elisabethfenster und das Offenbarungsfenster der jüngeren Zeitgeschichte zuzurechnen sind. Der Hohe Chor mit dem kostbaren Holzgestühl und dem barocken Hochaltar sind von starker Faszination.

Martin Luther im Erfurter Dom? Der katholische Weihbischof Dr. Reinhard Hauke kennt die staunend-fragenden Gesichter der Touristen, kann aber schnell Aufklärung verschaffen. »Nach seinem Eintritt in das Kloster der Augustiner-Eremiten im Juli 1505 empfing Luther im April 1507 die Priesterweihe. Das Sakrament wurde in einer Kapelle des Dom-Kreuzganges durch Weihbischof Bonemilch von Laspe gespendet. Dieser, er war Rektor der Erfurter Universität und Pfarrer der Michaeliskirche, wurde im Dom bestattet (Grabplatte im südlichen Seitenschiff des Langhauses). Welche der Kapellen am Kreuzgang des Erfurter Dom es genau war, ist nicht überliefert. Als wahrscheinlich gilt die nach dem Heiligen Kilian benannte Kapelle.« Modern eingerichtet, dient sie heute ebenso als Vorlesungsraum der Universität wie das »Himmlische Auditorium« (»Coelicum«), das gleichfalls mit Luther in Verbindung gebracht wird. Hauke: »Nachdem Luther 1508 zu Lehrzwecken an das Generalstudium seines Klosters nach Wittenberg berufen wurde und dort 1509 zum Baccalaureus biblicus promovierte, kehrte er im Herbst desselben Jahres nach Erfurt zurück. Im ›Auditorium coelicum‹ hielt er seine Eröffnungsvorlesung über die Sentenzenkommentare.« Ist das »Coelicum« noch ein relativ repräsentativer Raum, so sind die Kreuzgang-Kapellen schlicht und klein. Schon aus diesem Grunde liegt auf der Hand, dass die Priesterweihe damals eher einer familiären Feier geglichen haben muss, etwa einer Kindtaufe. In der Kirche St. Marien predigte auch Erfurts Reformator Johannes Lang (▶ S. 44). 1530 aber wurde das Gotteshaus den Evangelischen versperrt und ist heute die Kathedrale des katholischen Bistums Erfurt. Während seines offiziellen Deutschlandbesuches im September 2011 war Papst Benedikt XVI. auch im Mariendom zu Gast.

Auf den ursprünglich als Wollweber im italienischen Ravenna tätigen Familienvater Severus, Namenspatron der im 13./14. Jahrhundert erbauten Severikirche, ließ sich der Legende nach dreimal eine Taube nieder, als er zur Bischofswahl vorgeschlagen war. So wurde er Nachfolger des Bischofs von Ravenna. Historisch sicher ist, dass er bei Ravenna beigesetzt wurde. Ein gallischer Priester Felix brachte die Gebeine des Heiliggesprochenen nach Pavia; 836 kamen die Reliquien nach Mainz und später nach Erfurt. Von dem Heiligen erzählen die steinbildhauerisch bedeutenden Reliefplatten eines aus dem 14. Jahrhundert stammenden Sarkophags. Eine weitere Attraktion dieser Kirche ist der filigrane Taufstein, der 1467 im nördlichen Seitenschiff errichtet worden war und sich mit seinen 15 Metern Höhe bis an das Gewölbe erstreckt. Es ist anzunehmen, dass Martin Luther auch in dieser Kirche gewesen ist. Wegen seiner Sympathie für Luther wurde Johannes Drach, der einige Jahre nach Luther in Erfurt studierte, im Jahr 1521 aus dem Severi-Stift ausgewiesen.

Die Predigerkirche

Das größte evangelische Gotteshaus der Thüringer Landeshauptstadt ist die Kirche des ehemaligen Dominikaner- bzw. Predigerklosters. Die mächtige, querschifflose Basilika gilt als eine der großartigsten Schöpfungen der Bettelorden in Deutschland. Die 1525 reformierte und 1559 zur evangelischen Hauptkirche Erfurts erhobene Kirche war bevorzugte Begräbnisstätte von bedeutenden Persönlichkeiten der Stadt. Das Ensemble von Kloster und Kirche erfuhr mehrere bauliche Zäsuren. Der einzige erhaltene, 1278/79 errichtete Kreuzgangflügel südlich der Kirche wurde Mitte des 19. Jahrhunderts umgebaut und von 1976 bis 1979 instand gesetzt. Die übrigen Teile des Kreuzganges und der Klausur wurden zwischen dem 17. und 19. Jahrhundert schrittweise abgerissen. Im Februar 1944 führten Bombenangriffe auf Erfurt auch zu schweren Schäden an der Predigerkirche.

Der berühmte Mystiker Meister Eckart wirkte im Erfurter Dominikanerkloster.

◀ Die Predigerkirche wurde nach der Reformation zur evangelischen Hauptkirche Erfurts

Im für die Protestanten der Welt symbolischen Augustinerkloster traf sich Papst Benedikt XVI. im September 2011 mit führenden Vertretern der Evangelischen Kirche Deutschlands.

Obwohl die Kriegsfolgen seinerzeit wieder instand gesetzt worden waren und in den 1970er Jahren auch das Dach neu gedeckt wurde, wirkten andere Schäden weiter nach. Mittlerweile erstrahlt die Kirche wieder in neuem Glanz. Das Jahr 2003 widmete die Stadt Erfurt kulturell und touristisch dem Mystiker Meister Eckhart, der vom Ende des 13. bis zum Anfang des 14. Jahrhundert in der Predigerkirche gewirkt hat. Ein künstlerisch gestalteter Eingang am Westportal erinnert daran. Der Prospekt der Orgel und die beiden Pauken auf der Empore daneben stammen original aus dem 17. Jahrhundert. An diesem Instrument wirkte bis zu seinem Tod Johann Bach (1604–1673), ein Großonkel von Johann Sebastian Bach. Er gilt als der erste komponierende Bach und Begründer der Erfurter Bach-Linie.

Die Michaeliskirche

Die dem Collegium maius, dem alten Hauptgebäude der Universität, direkt gegenüberstehende Michaeliskirche ist eine der ältesten Pfarrkirchen der Stadt. Sie ist zwischen 1183 und 1200 auf einem von den angrenzenden Straßen bestimmten trapezförmigen Grundriss entstanden. Das Hauptschiff der Kirche datiert in das letzte Viertel des 13. Jahrhunderts. Das wegen der Nutzung durch die Philosophische Fakultät der Universität notwendig gewordene nördliche Seitenschiff kam um 1420 hinzu; die dabei eingebauten Emporen wurden später wieder abgebrochen. Der Taufstein stammt aus dem 15. Jahrhundert. Die 1652 von Compenius gebaute Orgel schmückt ein reich gestalteter Prospekt. In der Glockenstube hängt die älteste Glocke von Erfurt, die

ein unbekannter Meister im Jahr 1380 gegossen hat. Äußerlich besticht das in seinen Ausmaßen bescheidene gotische Bauwerk durch die Dreifaltigkeitskapelle mit ihrem Erker. In der Michaeliskirche predigten Martin Luther (▸ S. 47) und die Erfurter Reformatoren. Johannes Lang (▸ S. 44) erhielt 1548 in der Michaeliskirche auch seine letzte Ruhestätte. In der Kirche wurde 1520 vermutlich die erste evangelische Predigt Erfurts gehalten. Hinter den Mauern der gegen Ende des Zweiten Weltkrieges beschädigten Kirche fand in den 1980er Jahren die DDR-Opposition ein Domizil und wirksame Unterstützung.

Augustinerkloster und -kirche

Der Jurastudent Martin Luther hatte während seines legendären Gewittererlebnisses bei Stotternheim gelobt, ein Mönch zu werden (▸ S. 24). Am 17. Juli 1505 – bis auf zwei oder drei Bücher hatte er alles Weltliche hinter sich gelassen – klopfte er an die Pforte des Konvents der Augustiner-Eremiten. Luther bekam und nutzte hier die Chance, Theologie zu studieren und zu lehren.

Während eines feierlichen Rituals in der Augustinerkirche Mitte September 1505 als Novize aufgenommen, vollzog Luther im Jahr darauf durch das Ablegen des Ordensgelübdes (Profess) den Klostereintritt. »Obwohl ich durch Gewalt Mönch geworden bin gegen den Willen meines Vaters, der Mutter, Gottes und des Teufels, habe ich in meiner Mönchszeit den Papst so ehrfürchtig geehrt, dass ich allen Papisten Trotz bieten wollte, die es waren und die es sind. Denn ich habe das Gelübde getan nicht um des Bauches, sondern um meiner Seligkeit willen, und habe unsre Regeln unbeugsam streng gehalten«, berichtet er in einer Tischrede vom März 1539. Am 3. April 1507 wurde Luther vermutlich in einer Kapelle des heutigen Doms zum Priester geweiht. Die sich daran anschließende Feier der ersten Messe (Primiz) fand am 2. Mai – einem Tag, der seinem Vater in Mansfeld »am bequemsten« war – in der Augustinerkirche statt. Vater Luther war zur Feier mit stattlich-stolzem Gefolge nach Erfurt gekommen und hatte Kloster und Küche zur Ausgestaltung der Feier eine beträchtliche Summe Geldes gestiftet. Ob es bei dieser Gelegenheit bereits zur »Aussöhnung« zwischen Vater und Sohn kam, wie Luther sie in einem im November 1521 auf der Wartburg geschriebenen Brief an den Vater zitiert, ist nicht sicher. Abgesehen von teils mehrmonatigen Unterbrechun-

gen, die ihn u. a. nach Rom und Wittenberg führten, lebte Martin Luther im Augustinerkloster Erfurt bis zum Herbst 1511.

Das Klosterareal wurde bei einem Luftangriff im Februar 1945 schwer getroffen. Im Keller der völlig zerstörten Bibliothek kamen 267 Menschen ums Leben. Im Keller des auf den alten Fundamenten jüngst entstandenen Neubaus wird eindrucksvoll an diese Tragödie erinnert. Der große und vielgestaltige Komplex von Kloster und Kirche bildet im mittelalterlich geprägten Stadtkern bis heute ein in sich geschlossenes Quartier. Als Baudenkmal und museal genutzte Lutherstätte, als Sitz kirchlicher Einrichtungen, als Ort von Gottesdiensten und Konzerten, als Tagungsstätte, Herberge und Fundgrube für wissenschaftlich Interessierte (Bibliothek) zeigt sich der Klosterkomplex als wahrlich offen.

Das Kloster gilt heute als Beispiel innerer Geschlossenheit und seine Kirche – nicht nur der Luther-Tradition wegen – als die evangelischste in Erfurt. In ihrer Schlichtheit ist sie eine typische Bettelordenskirche. Das Stundengebet der Mönche und die Predigt für die Gemeinde aus der Stadt formten die langgestreckten Räume. Das bewegliche Gestühl lässt es heute zu, beide geschichtlichen Tendenzen zu verwirklichen: die Sammlung um ein Zentrum im

Schiff oder im Chorraum, oder einen gerichteten Gottesdienstes. Beide Formen können sich auf Luther berufen. Folgerichtig ist der Heiligenaltar dem einfachen Kreuz auf dem Altartisch gewichen.

Die Erinnerung an Luther ist vielfältig. Die um 1300 entstandenen Glasfenster hat Luther gesehen. Das sogenannte »Augustinusfenster« gilt als ältester Glasmalereizyklus zum Leben des Kirchenvaters Augustinus, der für Luther von immenser geistiger Bedeutung war. Vor dem Altar hat er auf dem Zachariae-Stein gelegen und gebetet, vor dem Altar hat er Messe lesend gestanden, auf dem Dreisitz an der südlichen Chorwand hat er als Liturg gesessen. In dieser Kirche hat Luther gepredigt, schon als Mönch und noch als Reformator auf der Reise nach Worms 1521. Martin Luthers Zelle befand sich mit großer Wahrscheinlichkeit an verschiedenen Orten. Jene, die Besucher heute als »Lutherzelle« besichtigen können, wurde 1563 schriftlich erwähnt und ihre Lage 1669 in einer Zeichnung festgehalten. Mehrfach in der Ausstattung verändert, brannte sie schließlich mit ab, als das benachbarte Dormitorium in Flammen stand. Eine Restaurierung nach dem Zweiten Weltkrieg auf der Basis der Zeichnung von 1669 und von Vergleichen mit mittelalterlichen Fachwerkbauten ließ die heutige Kammer entstehen.

Die Augustinerkirche gilt als die »evangelischste« in Erfurt

◄

Blick in die Augustinerkirche mit ihren wertvollen Glasmalereien

Der Nikolaiturm mit Elisabethkapelle

Von der Nikolaikirche, die einst in unmittelbarer Nachbarschaft zum Augustinerkloster stand, existiert nur noch der Turm. Das Gotteshaus gehörte zeitweilig dem Deutschen Ritterorden. Im Erdgeschoss des Turmes ist die wertvolle Elisabeth-Kapelle seit dem Jubiläum »800 Jahre Heilige Elisabeth« 2007 wieder öffentlich zugänglich. Auf deren Südwand sind nach einer aufwändigen Restaurierung Szenen aus dem Leben der Heiligen zu bewundern. Die in Secco-Technik aufgebrachten feingliedrigen Wandmalereien sind älter als die Elisabeth-Fresken in der Kapelle an der Werra-Brücke zu Creuzburg. Ob Martin Luther, der in diesem Areal jahrelang umherging, die Wandmalereien gesehen hat, muss Vermutung bleiben. Dass er in der ungarischen Königstochter und Thüringer Landgräfin durch alle Brüche hindurch eine vorbildhafte Gestalt gesehen hat, davon ist die Lutherforschung überzeugt. Mehrere von Martin Luther überlieferte Äußerungen, so auch die aus einer Predigt im Jahr 1530, sprechen dafür: »Aber wenn ein Fürst oder Fürstin einmal in ein Spital ginge und diente da den Armen und wüsche ihnen die Füße etc., wie man von der Heiligen Elisabeth liest, oh das wäre ein trefflich Ding.«

Die Barfüßerkirche

Das auf den Orden der Franziskaner-Bettelmönche zurückgehende Bauwerk gehörte neben Peterskirche, Mariendom, St. Severi und Predigerkirche zu den kunsthistorisch bedeutendsten Gotteshäusern der Stadt. Die Franziskaner oder auch Barfüßer genannten Mönche hatten einen ersten Kloster- und Kirchenbau auf dem am rechten Ufer der Gera liegenden Grundstück im Jahr 1231 vollendet, der jedoch gegen Ende des Jahrhunderts einem Stadtbrand zum Opfer fiel. In der wiederhergestellten, seit 1525 evangelischen Kirche predigte Martin Luther am 11. Oktober 1529. Die einstigen Klostergebäude nutzten die Schweden während des Dreißigjährigen Krieges als Materialquelle zum Festungsbau. Ein Blitzschlag im Jahr 1838 ließ mehrere Joche des Langhauses einstürzen. Seinen schwersten Schaden erlitt das Bauwerk beim Bombenangriff auf Erfurt am 26. November 1944. Der heute museal genutzte Chor konnte alsbald wieder instand gesetzt und die Ruine des Langhauses, so wie sie heute erlebbar ist, gesichert werden. Sommers bietet sie eine faszinierende Kulisse für die Aufführung klassischer Theaterstücke.

◀
Die Kaufmannskirche am Anger ist eng mit dem Wirken Luthers verbunden

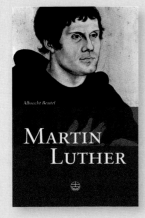
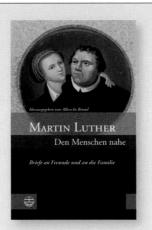

Das lebensgroße Holzrelief in der Andreaskirche diente als Vorlage für die Grabplatte Luthers

Die Kaufmannskirche

Von Weimar kommend, predigte Martin Luther am 22. Oktober 1522 in der Kaufmannskirche, in welcher namhafte Ratsherren eingepfarrt waren. Dem Rat, der wegen aufgekommener Tumulte der Reformation und ihrem entschiedensten Verteidiger gegenüber vorsichtig geworden war, gab er Ratschläge für eine friedvolle Entwicklung: Man müsse die Papisten ungeschoren lassen, sie meiden und nur solche Prediger auf die Kanzeln lassen, die das Christentum predigen. Die Kaufmannskirche ist vermutlich im 11. Jahrhundert von reisenden friesischen Kaufleuten gegründet worden. In Kirchen dieses Namens war es anfangs durchaus üblich, auch Verhandlungen zu führen und Waren zu stapeln. Über die Jahrhunderte wurde das zweitürmige Gotteshaus mehrfach umgebaut, aber auch zerstört. Die Ausstattung der Kirche enthält nur noch wenige mittelalterliche Stücke. Die Kanzel, auf der Luther stand, existiert seit dem Zusammensturz des Chorgewölbes im Jahr 1594 nicht mehr.

Das Gotteshaus hätte auch den Beinamen Bach-Kirche verdient. Schließlich war sie die Hauskirche der in ihrer unmittelbaren Umgebung wohnenden Mitglieder der musikalischen Bach-Familie. Belegt ist für die Jahre 1652–1725, dass auf den Kirchenstühlen in der ersten und zweiten Reihe vor dem Altar zu Gottesdiensten die Frauen der »Bache« ihren festen Platz hatten. In der Kaufmannskirche wurden mehr als 60 Bach-Kinder getauft und zwölf Bach-Ehen geschlossen. Wobei für heutige Besucher sicher jene die interessanteste Trauung ist, welche das Kirchenbuch unter dem 8. April 1668 vermerkt. An diesem Tag nahm sich Johann Ambrosius Bach Elisabeth Lämmerhirt zur Frau. Geschlossen wurde damit jene Ehe, deren berühmtestes Kind, Johann Sebastian, am 21. März 1685 in Eisenach zur Welt kam.

Die Andreaskirche

Das von der Andreasstraße in verschiedene Gassen hineinführende »Andreasviertel« war vor der Friedlichen Revolution 1989 das traurige Symbol für den Umgang mit Denkmalen in der DDR. Viele Gebäude standen auf der Abrissliste. Angedacht war, eine innerstädtische Ringstraße durch das kleinteilige Quartier zu führen. Vor der politischen Wende von 1989 entzündeten sich daran Bürgerproteste; nach 1990 waren diese Pläne vom Tisch. Heute ist das Andreasviertel denkmalpflegerisches Vorzeigeobjekt und die aus dem 13. Jahrhundert stammende Andreaskirche mit ihrem weithin sichtbaren Turm ein Symbol dafür. Der Turm des bereits 1182 erwähnten Gotteshauses ist in seinem unteren Teil noch romanischen Ursprungs. Der mit Eckquadern gegliederte und von einem oktogonalen Spitzhelm aus Sandstein bekrönte Turm wurde inzwischen ebenso saniert wie das Innere des Gotteshauses. An einer Wand der Kirche hängt eine hölzerne, farbig gefasste Tafel, auf der in Lebensgröße Martin Luther als Relief abgebildet ist. Diese Tafel eines unbekannten Meisters bildete die Vorlage für die bronzene Grabplatte Luthers, welche der Erfurter Gießer Heinrich Ziegler der Jüngere 1548 herstellte. Geschuldet den Wirren des Schmalkaldischen Krieges, fand das bronzene Original schließlich in der Stadtkirche von Jena seinen Platz, während in Wittenberg ein Nachguss zu sehen ist.

Die Lutherkirche

Das von 1925 bis 1927 errichtete Gotteshaus in der nördlichen Gründerzeitvorstadt gilt als größter expressionistischer Kirchenbau Erfurts. Die nach einem Entwurf des Charlottenburger Architekten Peter Jürgensen gebaute Kirche war notwendig geworden, nachdem sich in dem damaligen Stadterweiterungsgebiet entlang der heutigen Magdeburger Allee eine Luthergemeinde etabliert hatte. Der weite, emporenumzogene Innenraum des gedrungenen Rechteckbaus wurde schon von damaligen Zeitgenossen als theaterähnlich empfunden. Große konzertante Aufführungen mit Chören bestätigen diesen Eindruck bis in die Gegenwart. Außen und innen setzen Elemente des Art déco sparsam Zeichen der Moderne. Der Altar und die Kanzel aus Travertin sowie die Rühlmann-Orgel stammen aus der Entstehungszeit. ●

▶ **HEINZ STADE**
is Publizist und hat zahlreiche Veröffentlichungen zur Kultur und Geschichte in Thüringen herausgebracht.

Eine Frage noch, Herr Luther ...

Interview mit einem Ketzer

Herausgegeben von Manfred Wolf

144 Seiten | 12 x 19 cm | Paperback

ISBN 978-3-374-02168-0

€ 9,80 € [D]

Thesen und andere Anschläge

Anekdoten um Martin Luther

Herausgegeben von Manfred Wolf

192 Seiten | 12 x 19 cm | Paperback

ISBN 978-3-374-02286-1

€ 9,80 € [D]

Obwohl Martin Luther bereits vor 500 Jahren lebte, ist er heute so lebendig und nah wie seinerzeit. Manfred Wolf führte mit ihm ein fiktives Interview zu hochaktuellen Themen der heutigen Zeit und es ist erstaunlich, welche Antworten der alte Reformator in seiner unnachahmlichen, manchmal deftigen Art parat hat. Luther hat nichts an Witz und Schärfe verloren; er redet und denkt ketzerisch wie eh und je.

Unter 95 Stichworten steht Luther dem Herausgeber Rede und Antwort zu Fragen von A bis Z.

»In häuslichen Dingen füge ich mich Käthe. Im Übrigen regiert mich der heilige Geist.« – Wollten Sie immer schon einmal wissen, wie es beim großen Reformator zuging? War er Frühaufsteher oder Langschläfer? Wie stand es um die Haushaltskasse? Und was dachte er über Kindererziehung?

Manfred Wolf berichtet Heiteres und Interessantes, Typisches und Unbekanntes. Unter Stichworten von A wie Alltag bis Z wie Zeugnisse sammelt er Anekdoten und Aussprüche von und über Martin Luther.

Dem Volk aufs Maul geschaut

Sprichwörter Luthers

Herausgegeben von Manfred Wolf

104 Seiten | 12 x 19 cm | Paperback

ISBN 978-3-374-02843-6

€ 9,80 € [D]

Der Welt abgelauscht

Lebensweisheiten Luthers

Herausgegeben von Manfred Wolf

144 Seiten | 12 x 19 cm | Paperback

ISBN 978-3-374-02989-1

€ 9,80 € [D]

Kaum ein anderer ist so für die Prägung der deutschen Sprache bekannt wie Martin Luther. Vor allem seine Bibelübersetzung beeinflusste die Entwicklung des Deutschen. Darüber hinaus ging eine große Anzahl seiner Aussprüche in den Alltag der Menschen ein.

Manfred Wolf hat aus Texten Martin Luthers eine große Anzahl bekannter und weniger bekannter Spruchweisheiten Luthers zusammengestellt, die bis heute gebräuchlich sind. Sie zeigen den Theologen und Reformator als genauen Beobachter, der den Menschen »aufs Maul schaute«.

Dem Volk aufs Maul schauen und dem Menschen in die Seele: Kaum ein Theologe ist dafür so bekannt wie Martin Luther. Sein klarer Blick und seine bisweilen deftigen Formulierungen sind weltberühmt. Seine spitze Zunge wurde von Kritikern gefürchtet.

Manfred Wolf hat aus Texten Martin Luthers bekannte und weniger bekannte Lebensweisheiten zusammengestellt. Sie haben in den vergangenen Jahrhunderten nichts von ihrer sprachlichen Kraft und Schönheit verloren. Bis heute können Menschen in ihnen ermutigende Impulse für ihr Leben finden.

EVANGELISCHE VERLAGSANSTALT
Leipzig   www.eva-leipzig.de · Bestell-Telefon 0341 7114116 · vertrieb@eva-leipzig.de

Ein neues Haus für die Kirche

Die Evangelische Kirche in Mitteldeutschland hat mit dem Collegium maius mehr als nur einen Verwaltungssitz bekommen
—

VON ILSE JUNKERMANN

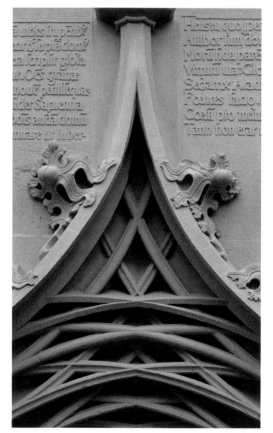

Das Collegium maius bietet viele faszinierende Details

Samstagabend, 29. Oktober 2011, 21.20 Uhr. Ich trete aus der Tür des Collegium maius, seit Mai des Jahres Sitz des Landeskirchenamts der Evangelischen Kirche in Mitteldeutschland. Auch die Landesbischöfin hat hier ein Büro, ein sehr schönes, im ältesten Teil des Gebäudes. Ich hatte noch an meiner Predigt für den Gottesdienst zum Reformationsfest in der Georgenkirche Eisenach gefeilt und freue mich auf den Feierabend.

Kaum bin ich aus der Tür, stehen direkt vor mir zwei junge Männer. »Ach, da ist ja doch noch jemand. Können wir mal das Haus ansehen? Lassen Sie uns rein?« Verblüfft und etwas verdattert stehe ich da. Jetzt, so spät, mit zwei jungen Männern in ein leeres Haus? Ich bin müde und froh, dass der Arbeitstag zu Ende ist ... Andererseits: dass sich zwei junge Männer für ein Haus der Kirche interessieren und besonders für dieses schöne Haus, das will ich auf keinen Fall abweisen. »Nein, das geht jetzt nicht. Es tut mir leid, ich habe bis eben gearbeitet, ich bin jetzt wirklich müde. Was interessiert Sie denn?« »Was ist das für ein Haus? Wer ist da jetzt drin? Das ist richtig schön! Was war da früher?« Ich beginne zu erzählen – und eh ich mich's versehe, sind fast 20 weitere Menschen stehen geblieben und hören auch zu. Das kann einem nur in Erfurt passieren, denke ich ...

Ja, so erlebe ich die Stadt: Lebendig geht's auf den Straßen zu. Die vielen Straßencafes sind bis weit in den Herbst hinein belegt, es tut gut, in einer Pause ein paar Schritte in die Stadt zu gehen – zum Anger und alten Rathaus, zum Fischmarkt, zur Predigerkirche, oder ins Augustinerkloster, den zweiten »Original-Luther-Ort« mit dem Vorbild für sein späteres Wappen, der Lutherrose, in einem der Chorfenster.

Ach ja, was habe ich über das Haus Collegium maius erzählt? Das Collegium maius war Hauptsitz und Herzstück der alten Universität Erfurt von 1379 bis 1816. Bis heute ist es ein bedeutendes Kulturdenkmal der Stadt. Denn nur wenige mitteleuropäische Universitäten können ein »Großes Kolleg« (Hauptgebäude) aus dem späten Mittelalter vorweisen.

Das Erfurter Collegium maius ist ein wichtiger Ort der Erinnerung an Martin Luther. Er ist der prominenteste Absolvent der Universität. Der spätere Reformator zollte ihr höchstes Lob: »Die Erfurter Universität ist meine Mutter, der ich alles verdanke.« Das Collegium maius erlebte im Laufe der Jahrhunderte Blüte und Verfall. In der Gründungszeit der Universität fanden alle Aktivitäten in Räumen von Bürgerhäusern der Michaelisstraße statt. Die Chronik berichtet erst 1435 von »größeren Bauunternehmen«.

Während des »Tollen Jahres« von 1509/1510 gab es wegen des Bankrotts des städtischen Finanzhaushaltes Studentenunruhen. In den Auseinandersetzungen wurde die Universität sogar mit Kanonen belagert und gestürmt. Das Gebäude wurde dabei beschädigt, die Einrichtung demoliert und das Inventar geplündert. 1510 wurde damit begonnen, das Collegium maius neu zu erbauen. Das spätgotische Portal ziert seit 1513 die Front des Gebäudes. Auch die besonders schönen Maßwerkfenster im gotischen Stil stammen vermutlich aus dieser Zeit. Das Obergeschoss mit dem repräsentativen Auditorium wurde zwischen 1549 und 1550 fertiggestellt. Das Besondere sind die Steinmetzarbeiten an der dreiteiligen Fensterfront des Nordgiebels. Als sie nur noch 20 Studenten hatte, wurde die Universität im Jahr 1816 durch die preußische Regierung geschlossen. Den prächtigen Festsaal jedoch nutzte die Stadt weiterhin für Veranstaltungen.

Am 9. Februar 1945 zerstörten amerikanische Sprengbomben das Collegium maius bis auf die Erdgeschossmauern. Sorgsam wurden wertvolle Bauteile aus den Trümmern geborgen. Bis 1983 lag das Haus in Trümmern. Erst dann erfolgte der erste Schritt zum Wiederaufbau. Anlässlich des Lutherjahres 1983 erstand das spätgotische Portal neu. In der Wendezeit 1989 galt das Collegium maius als Symbol für den geistig-kulturellen Aufbruch. Angeregt durch die 1987 ins Leben gerufene Universitätsgesellschaft Erfurt wurde die Universität 1994 neu gegründet. Viele Bürgerinnen und Bürger beteiligten sich ehrenamtlich und mit Spenden am Projekt des Wiederaufbaus, der 1998 begann. Für viele Erfurter war es schmerzlich, dass das Collegium maius nicht durch die neugegründete Universität genutzt wurde. Was sollte aus ihm werden? Lange Jahre war das unklar.

Nun ist es ganz wieder aufgebaut und dient seit Juni 2011 einem neuen Zweck: Es ist Sitz des Landeskirchenamtes, also der Kirchenverwaltung der Evangelischen Kirche in Mitteldeutschland. Diese war im Jahr 2009 aus den beiden früheren Landeskirchen in Thüringen und Sachsen-Anhalt hervorgegangen. Genauer gesagt handelte es sich um die Evangelisch-Lutherische Kirche in Thüringen (deren Gebiet entsprach im Wesentlichen dem Freistaat Thüringen ohne die einstigen preußischen Gebiete mit Erfurt) und die Evangelische Kirchenprovinz Sachsen (deren Gebiet entsprach im Wesentlichen dem Land Sachsen-Anhalt ohne die anhaltischen Gebiete sowie den einstigen preußischen Regierungsbezirk Erfurt).

Was für ein Erbe! Der Ort verpflichtet. Dieses besondere Haus erinnert uns täglich an unsere Wurzeln, wie tief in die Geschichte hinein sie reichen, ja, aus welchem Reichtum wir schöpfen können – und welchem Erbe wir verpflichtet sind: Kirche mitten in der Stadt, Kirche mit den Menschen zu sein. Das ist eines der zentralen Anliegen Martin Luthers gewesen: dass alle Menschen, egal welchen Standes oder Herkunft oder Geschlechts, durch ihre Taufe direkten Zugang zu Gott haben; dass sie verstehen können, was im Gottesdienst gesagt wird; dass sie mitsingen und mit beten können; dass sie die Bibel selbst lesen können; dass die Menschen Bildung erfahren; dass die Kirche eine »Kirche des Volkes« ist.

Es ist für uns ein besonderes Geschenk, als reformatorische Kirche in das Erbe der Universität und dieses Luther-Orts zu treten. So ist es selbstverständlich: Hier soll nicht nur verwaltet werden. Hier ist mit dem historisch bedeutsamen 380 Quadratmeter großen Festsaal ein wunderbarer Raum für Gespräche und Begegnungen, für öffentliche Veranstaltungen entstanden. So haben die ersten COLLEGIUM MAIUS ABENDE, eine Vortragsreihe von Kirche und Universitätsgesellschaft, bereits großen Zuspruch gefunden. Das frühere große Auditorium erstrahlt mit der Stabmaßwerkfenstergruppe im Norden und mit den mit Säulen, Bögen, Wappen und Stifterinschriften reich geschmückten Renaissance-Fenstern auf der West- und Ostseite wieder in alter Schönheit. Dabei wurden mehr als 300 Werksteinfragmente, die aus der Ruine geborgen worden waren, wiederverwendet. Die Steine wurden teilweise rekonstruiert, zum Teil auch im Originalzustand belassen. So bleiben beispielsweise die Beschädigungen durch die Bombensplitter sichtbar. Für die neu hinzugefügten Steine wurde entsprechend den Originalen einheimischer Seeberger Sandstein verwendet.

Was gibt es für ein schöneres Bild für unsere Aufgabe als Kirche, ja, als ganze Gesellschaft: Alt mit Neu verbinden – zu einem lebendigen Raum der Begegnung zwischen Menschen und der Menschen mit Gott. •

Es ist für uns ein besonderes Geschenk, als reformatorische Kirche in das Erbe der Universität und dieses Luther-Orts zu treten.

▶ **ILSE JUNKERMANN**
ist Landesbischöfin der Evangelischen Kirche in Mitteldeutschland.

▶ **ZUM WEITERLESEN:**
Steffen Raßloff: Das Collegium maius. Renaissance eines herausragenden Kulturdenkmals. In: Stadt und Geschichte, Zeitschrift für Erfurt 43 (2009). S. 22 f.

Zusammenstehen – auch in der Ökumene

Kirchen können den Dank an Gott auch und gerade in Erfurt nur gemeinsam vervielfachen

—

VON JOACHIM WANKE

Der Dom thront als Kathedrale des Bistums Erfurt über der Stadt

Von Kindheit an ist mir die Tatsache vertraut, dass es nicht nur katholische Christen gibt. Das hängt mit Erfahrungen zusammen, die ich im Thüringischen Ilmenau sammeln konnte, einer Stadt, die mir als gebürtigem Schlesier nach dem Krieg eine neue Heimat geworden war. Das Geläut der evangelischen Stadtkirche begleitete meinen Alltag. Es machte mich auf die Feste des Kirchenjahres aufmerksam. Zu meinen Freunden in der Schule gehörten evangelische Christen, zu denen ich noch bis heute Kontakt habe. Angesichts der ideologischen Repressionen des damaligen DDR-Bildungssystems lernten wir bald:

Als Christen gilt es zusammenzustehen, ob wir nun katholisch oder evangelisch waren. Meine Primizmesse feierte ich nach der Priesterweihe in ebendieser Stadtkirche und beim Festessen war der Superintendent zu Gast.

Solche Erfahrungen prägen nachhaltig. Und als ich dann 1980 bischöfliche Verantwortung für die Katholiken in Thüringen zu übernehmen hatte, war das für mich selbstverständlicher Hintergrund meines Dienstes: Christen halten zusammen, gerade angesichts einer aggressiven Ideologie, die Glauben und Kirche aushungern wollte.

Natürlich haben Theologiestudium und konkreter Dienst in der Seelsorge

das Problembewusstsein für ökumenische Fragen geschärft. Als mich meine Ernennung zum Bischof erreichte, hörte ich gerade Vorlesungen des evangelischen Systematikers Martin Seils aus Jena mit, der unsere Studenten in das Verständnis des reformatorischen Glaubens einführte. Die Jahre meines Engagements in der Arbeitsgemeinschaft Christlicher Kirchen in Deutschland machten mir den Reichtum, aber auch die verwirrende Vielfalt christlicher Bekenntnisse bewusst. Die Arbeit in der Ökumene gab mir Gelegenheit, glaubwürdige Christen aus anderen Kirchen und kirchlichen Gemeinschaften kennenzulernen.

So bin ich von meinen eigenen biographischen und dienstlichen Erfahrungen gut für den Dienst als katholischer Bischof in Erfurt zugerüstet, denn diese Stadt ist ohne gelebte Ökumene nicht denkbar. Im Verlauf der Kirchengeschichte gab es Perioden eines friedlichen Miteinanders der beiden Konfessionen, manchmal auch nur eines schiedlichen Nebeneinanders. Schon früh, im sog. Hammelburger Vertrag (1530), wurden die damaligen Stadtkirchen unter den »Neugläubigen« und »Altgläubigen« aufgeteilt – und so ist es bis heute geblieben. Der Stadt gelang es bis in Napoleons Zeiten nicht, der politischen Oberhoheit des Mainzer Erzbischofs zu entkommen. Sie wurde nie freie Reichsstadt. Böse Zungen behaupten: Den Erfurtern fehlte immer der Pfennig zur Mark! Wie dem auch sei: Die Verhältnisse, aber vielleicht auch im Letzten die doch irenische Veranlagung der Erfurter zwangen die beiden Religionsparteien zu immer neuer gegenseitiger Verständigung. Dabei braucht man nicht zu verschweigen, dass es durchaus auch Problemzeiten gab, etwa im Dreißigjährigen Krieg das Intermezzo unter dem Schwedenkönig Gustav Adolf, der den Mariendom zum evangelischen Gotteshaus machte, oder den Zusammenbruch der alten Reichskirche am Anfang des 19. Jahrhunderts, der das katholische Leben in der Stadt nahezu auslöschte.

Ich bin dankbar, dass ich in Erfurt nie auf einen engen Konfessionalismus gestoßen bin. Bis in die Gegenwart hinein gab und gibt es freundliche Verbundenheit und gemeinschaftliches Handeln der Kirchgemeinden, die das Klima in der Stadt prägen. An dieser Stelle möchte ich beispielhaft den Namen des evangelischen Propstes Verwiebe nennen, der mit meinem Amtsvorgänger, Bischof Hugo Aufderbeck, befreundet war. Aus neuerer Zeit erinnere ich an das Zeugnis der Schwestern vom Casteller Ring, die in ihrem Beten und Wirken im Augustinerkloster auch von uns Katholiken hochgeschätzt waren. Und was wäre die Kir-

chenmusik der Stadt ohne ökumenische Zusammenarbeit, die immer wieder musikalische Glanzleistungen ermöglicht.

Das macht mir meinen Dienst als katholischer Bischof in dieser von der Reformation und dem Wirken Luthers geprägten Stadt leicht. Oft führt mich mein Weg zu Gottesdiensten und Gesprächen ins Augustinerkloster. Es muss ja nicht immer gleich ein solch spektakuläres Ereignis sein wie jüngst der Papstbesuch vom September 2011 an dieser Lutherstätte! Die Kontakte und das Miteinander der beiden Konfessionen sind so selbstverständlich, dass sie schon nicht mehr auffallen. Eher fällt auf, wenn Engstirnigkeit und falsches Profildenken sich hier und da doch einmal in einzelnen Köpfen zeigen. Aber davor ist wohl keine Kirche ganz gefeit.

Reformationsgedenken 2017?

Sicher: Wir Katholiken können und wollen das Jahr 2017 nicht feiern. Doch könnte das Reformationsgedenken eine Chance des gemeinsamen kirchlichen Lernens sein. Wir Katholiken wollen tiefer begreifen, worum es in der Reformation eigentlich ging und warum es dann doch zur andauernden Trennung kam. Und evangelische Christen könnten begreifen, dass das »Katholische« umfassender ist als das »Römisch-Katholische«.

Wir wissen heute: Luthers reformatorische Anliegen haben seinerzeit bei den kirchlichen und theologischen Instanzen sowohl in Deutschland als auch in Rom kein angemessenes Verständnis gefunden. Zudem sind die primär geistlichen Anliegen Luthers immer wieder von politischen Machtfragen überlagert worden. Das Lutherbild ist auf katholischer Seite nach Jahrhunderten der Polemik korrigiert worden. Heute können Katholiken und Protestanten gemeinsam Martin Luther als »Zeuge(n) des Evangeliums, Lehrer im Glauben und Rufer zur geistlichen Erneuerung« würdigen, wie das 1983 anlässlich des 500. Geburtstages des Reformators geschah.

Jede Kirchenspaltung macht die Kirche Jesu Christi ärmer. Diese Feststellung mag überraschen, doch für meine Kirche hat das ausdrücklich Papst Johannes Paul II. in seiner Ökumeneenzyklika »Ut unum sint« bestätigt, wenn er schreibt: »(Wir sind) uns als katholische Kirche bewusst …, vom Zeugnis, von der Suche und sogar von der Art und Weise gewonnen zu haben, wie bestimmte gemeinsame christliche Güter von den anderen Kirchen und kirchlichen Gemeinschaften hervorgehoben und gelebt worden sind« (Nr. 87). Die Wahrheit dieser Aussage kann ich aus meiner eigenen Erfahrung nur bestätigen. Spaltungen verstellen oftmals den Blick für die Ganzheit dessen, was es zu bewahren gilt. Darum ist jedes Bemühen um die Einheit der Kirchen auch ein Hoffen darauf, dass uns gemeinsam die ganze Fülle des »Katholischen« – und das ist hier nicht konfessionell gemeint – von Gott geschenkt wird.

Wir brauchen heute eine Kirche, die in unserer Stadt, in Thüringen und anderswo »den Dank an Gott vervielfacht«, wie Paulus einmal formuliert und so Sinn und Ziel seines Wirkens als Apostel umschreibt (vgl. 2 Kor 4,15). Das können die bestehenden Kirchen nur gemeinsam, nicht im Gegeneinander. Den Menschen hierzulande den Gotteshorizont eröffnen, ihnen sagen und bezeugen, dass sie sich »verdankt« wissen dürfen, das wäre für mich eine Kurzformel meines Dienstes, mit der ich mich durchaus auf Martin Luther berufen dürfte – auch als katholischer Bischof. ●

▶ **DR. JOACHIM WANKE** ist Bischof des katholischen Bistums Erfurt.

Kirche und Stadt

—

VON ARIBERT ROTHE

Offene Kirche mit Profil

Trotz Säkularisierung und Jahrzehnte währender ideologischer Marginalisierung hat sich der Erfurter Protestantismus nicht eingeigelt. Offen und sozialethisch orientiert, ist er herausgefordert, nicht seine »Anziehungskraft für Suchende, neugierige und Interessierte [zu] verlieren. Die Nähe zu den Menschen zeigt sich darin, dass die christliche Gemeinde Ausstrahlungskraft hat als eine lebensbejahende Gemeinde und somit in der Öffentlichkeit, in den kleinen Orten genauso wie in der Großstadt, einladende Kirche ist« (Andreas Eras, Senior des Evangelischen Kirchenkreises). Andererseits kann sich eine offene Gemeinschaft nicht nur verströmen. Im Sinne der Reformationsdekade bis zum Jubiläum 2017 erkennt sie auch die Aufgabe, dass sie »Mechanismen entwickelt, ihre Identität zu bekräftigen« (Udo Di Fabio, Die Kultur der Freiheit).

Wachsen gegen den Trend

Zum Evangelischen Kirchenkreis Erfurt gehören 42 Gemeinden. Neben den üblichen demokratischen Strukturen des exekutiven Kreiskirchenrates und der legislativen Kreissynode gibt es hier seit der Reformation das Evangelische Ministerium Erfurt, eine Art Pfarrersenat, geleitet vom Senior und den beiden Prosenioren. Die kirchlichen Mitgliederzahlen haben sich in den letzten Jahren wieder leicht erhöht (2010: 28.088). Trotz Geburtenrückgangs gibt es jährlich über 200 Kindtaufen und mehr als 40 Erwachsenentaufen. Auch die Finanzen haben sich – nach erheblichen Stellenkürzungen in den vergangenen Jahren – solide stabilisiert. Das Engagement der Ehrenamtlichen wird gestärkt und wertgeschätzt. Partnerschaftliche Beziehungen nach Bradford (England), Braunfels-Wetzlar und Mainz sowie zur Konde-Diözese in Tansania und die ökumenische Zusammenarbeit vor Ort lassen über den eigenen Kirchturm hinaus schauen.

Sonderseelsorge und Beratung

Der Stadt kommen Aktivitäten der evangelischen Klinik-, Notfall-, Soldaten-, Polizei-, Gehörlosen- und Schaustellerseelsorge zugute. Der Kirchenkreis unterhält auch ein Büro für ausländische Mitbürger(innen). Einige hauptamtliche und 20 ehrenamtliche Mitarbeitende helfen Migrant(inn)en bei Behördengängen, Migrationssozialberatung, schulischer und gesellschaftlicher Integration der Kinder und Jugendlichen, Deutschkursen usw. Zum Standard kirchlicher Amtshandlungen, die den Lebenslauf seelsorgerlich begleiten, akzentuieren und deuten, gehören natürlich auch Hochzeiten, Konfirmationen und Trauerfeiern sowie das konkrete seelsorgerliche Gespräch unter dem Beichtgeheimnis. Eine Warteliste braucht die Psychologische Beratungsstelle für Erziehungs-, Familien-, Paar- und Lebensberatung, die inzwischen unter dem Dach der Ökumenischen Kliniken für Psychiatrie (ÖKP) gGmbH tätig ist. Hierher wenden sich Ratsuchende aus allen Schichten der Bevölkerung und Altersstufen sowie Anfragen im Rahmen der Jugendhilfe (Stand 2011 bis Mitte November: 367 Neuanmeldungen).

Kirchenmusik

Sie hat einen wesentlichen Anteil an der musischen Kultur der Stadt. Haupt- und ehrenamtliche Organist(inn)en und Chorleiter(innen) pflegen die musikalische Bildung in Chören und Instrumentalgruppen und gestalten die Gottesdienste in hoher Qualität. Besondere Ausstrahlung erreichen die Kantatengottesdienste und zahlreiche Orgel- und Chorkonzerte wie die ökumenischen Kirchenmusiktage, die weit über die Kirchenmitglieder hinaus ihr Publikum haben.

Praktische Nächstenliebe

Eine ganze Reihe diakonischer Einrichtungen sind in Erfurt ansässig. Mit ihren pflegerischen und sozialen Dienstleistungen schaffen sie auch viele Arbeitsplätze. Neben der großen Behinderteneinrichtung Christophoruswerk Erfurt gGmbH gibt es die intergenerativen Einrichtungen der Mücke-Stiftung, der Augusta-Viktoria-Stiftung und der Diakonie-Sozialstation Gebesee. Sie verbinden ihre Pflegeheime mit attraktiven Kindergärten und haben zudem ein hohes Potenzial an Ehrenamtlichen gewonnen. Außerdem gibt es die neuen Pflegeeinrichtungen Martin-Luther-Haus und Andreashof des Diakoniestifts Weimar-Bad Lobenstein. Offen für verschiedene Zielgruppen, insbesondere sozial Schwache, sind die vielfältigen Angebote von Stadtmission und Gemeindedienst gGmbH. Nicht nur ihre Sozialberatung, Kleiderkammer und das »Restaurant des Herzens« sind stadtbekannt, sondern auch regelmäßige Konzerte und Ausstellungen in der Michaeliskirche (Universitätskirche). In ökumenischer Partnerschaft arbeiten die Telefonseelsorge und das neue Christliche Hospiz »St. Martin« sowie das Christophoruswerk Erfurt gGmbH.

Kinder- und Jugendbildung und Freizeitangebote

Sehr begehrt sind Plätze in den 17 evangelischen Kindergärten. Auch ältere Kinder und Jugendliche finden vielfältige stadtoffene Angebote. Die gemeindepädagogischen Mitarbeiter(innen) verbinden durch Christenlehre und zahlreiche Projekte die Lernorte Gemeinde und Schule. Die Evangelische Schulstiftung führt, zusätzlich zu Ratsgymnasium und Grundschule, auch eine Regelschule. Mehrere Mitarbeitende der Evangelischen Jugendarbeit kümmern sich um die Vernetzung der Konfirmanden- und Jugendarbeit in den Kirchengemeinden und bieten viele Veranstaltungen und Konzerte im eigenen Predigerkeller sowie das Bandprojekt im Thomaskeller. Die Evangelische Studentengemeinde (ESG), unterstützt vom Evangelischen Hochschulbeirat, führt Studierende zu Mahlzeiten, Gebetszeiten, Themenabenden und vielfältigen Unternehmungen zusammen. Mit alternativen kulturellen und thematischen Angeboten erreicht die Offene Arbeit Erfurt auch kirchenferne Milieus.

Neue Wege der Spiritualität und des Zusammenlebens

Geistliches und gemeinschaftliches Leben sind traditionelle Dimensionen des kirchlichen Handelns und kommen mehr oder weniger als Grundakkord zum Klingen. Hier werden aber auch spezifische neue Wege gesucht oder wiederentdeckt. Teils verbunden mit dem Unterwegssein des klassischen Pilgerns, teils mit besonderen sakralen Orten. Inspiriert vom romanischen Geist der nur halb erhaltenen Peterskirche, hat sich das Collegiat St. Peter und Paul gegründet, das am Fuße des Petersberges ein gemeinschaftliches Wohnprojekt plant. Und an der anziehungsreichen Lutherstätte Augustinerkloster ist eine neue Pfarrstelle für offene Angebote geistlichen Lebens eingerichtet worden. Sich regen bringt Segen.

Erwachsenenbildung – das zweite Programm der Kirche

Die Landesorganisation Evangelische Erwachsenenbildung Thüringen (EEBT) ist doppelt verortet in Kirche und Gesellschaft. So erfüllt sie eine wichtige Brückenfunktion. In Erfurt ist sie auch als Evangelische Stadtakademie »Meister Eckhart« wirksam und veranstaltet in kirchlichen und kommunalen Bildungsorten Vorträge und Seminare, Foren und Tagungen oder lädt zu Bildungsreisen ein. Es gibt verschiedene Programmlinien, zum Teil mit Kooperationspartnern wie dem Katholischen Forum im Land Thüringen. Beispielsweise bringen die Reihen »Erfurter Vorträge« und »forum-uni-kirche – aktuelle Themen und Dispute in der Michaeliskirche« Themen aus Gesellschaft, Kirche und Religion zur Sprache. Dazu kommen viele Einzelveranstaltungen, Weiterbildungen für Gästeführer(innen), die mobile Abendveranstaltung zur Denkmalwoche »KirchenSprung«, die Literaturreihe »AUSLESE« sowie offene Arbeitsgemeinschaften wie »Erfurter GeDenken 1933–45«, »Haken am Kreuz« und interreligiöse Gesprächsseminare. 2011 begannen in Kooperation mit der Universitätsgesellschaft Erfurt die »COLLEGIUM MAIUS ABENDE« in der wiedererstandenen Alten Universität, dem heutigen Landeskirchenamt.

▶ **DR. ARIBERT ROTHE**
ist Leiter der Evangelischen Stadtakademie »Meister Eckhart« Erfurt, Hochschulpfarrer und Seelsorger der Evangelischen Studentengemeinde Erfurt.

Auf Luthers Spuren

Religion und Tourismus in Erfurt

Die Erfurt Tourismus und Marketing GmbH (ETMG) engagiert sich seit 1998 dafür, die 1270-jährige Stadt Erfurt mit ihren vielfältigen Facetten als Reiseziel zu bewerben. Als offizielle Organisation zur Tourismusförderung ergreift die ETMG umfangreiche Maßnahmen, um den Tourismus in der Landeshauptstadt erfolgreich zu befördern. Neben der individuellen Gästeberatung, der Vermittlung von Unterkünften sowie dem Ticket- und Souvenirverkauf erstellt die ETMG Informationsbroschüren und baut ihr umfassendes Stadtführungsprogramm kontinuierlich aus. Auf diese Weise entwickelt sie das touristische Service-Angebot weiter und vermittelt Einwohnern wie auch Gästen den besonderen Charakter Erfurts und seiner Geschichte.

Zu den wegweisenden Ereignissen in der historischen Entwicklung der Stadt zählt ohne Zweifel die Reformation, deren Initiator Martin Luther in Erfurt seine geistige Heimat fand. Als wichtige Persönlichkeit der Stadtgeschichte ist Luther daher auch für die Aktivitäten der ETMG von zentraler Bedeutung. Sei es bei Messeauftritten im In- und Aus-land, der Organisation von Presse- und Studienreisen oder der Ausbildung von Stadt- und Museumsführern: Luther und die Reformation bilden einen kulturtouristischen Schwerpunkt in der Bewerbung der Landeshauptstadt. Führungen durch das Evangelische Augustinerkloster, den Mariendom und andere Lutherstätten, ein Bankett nach Art des Dr. Luther oder ein Reiseangebot »Auf Luthers Spuren« geben nur einen kleinen Vorgeschmack auf die Bandbreite der Möglichkeiten, die im Verlauf der Reformationsdekade weiter ausgeschöpft werden.

Von jeher sind Religion und religiöses Reisen wichtige Themen in Erfurt. So feiern am Vorabend des Martinstages katholische und evangelische Christen ein ökumenisches Martinsfest und begehen gemeinsam den Todestag des Stadtheiligen Martin von Tours und den Geburtstag Martin Luthers. Auch die Spuren jüdischer Geschichte und Tradition sind nur an wenigen Orten so lebendig wie in Erfurt. Zahlreiche Zeugnisse jüdischen Lebens entdecken Besucher beispielsweise in der Alten Synagoge mit dem Erfurter Schatz, in der neu eröffneten Mikwe oder in der Kleinen Synagoge.

Diese große kulturelle Vielfalt Erfurts in der Welt bekannt zu machen, ist die vordergründige Aufgabe der Erfurt Tourismus und Marketing GmbH. Dafür plant und entwickelt sie immer neue touristische Produkte zu den wichtigen Themen der Stadtgeschichte und steht ihren Gästen an 363 Tagen im Jahr mit Beratung und Service zur Verfügung. ●

▶ **ERFURT TOURIST INFORMATION**
am Benediktsplatz nahe dem Rathaus. Apr–Dez: Mo–Fr 10–19 Uhr, Sa 10–18 Uhr, So 10–16 Uhr; Jan–März: Mo–Sa 10–18 Uhr, So 10–16 Uhr; www.erfurt-tourismus.de, Tel.: +49 361 66 400

Erfurt ✳
LANDESHAUPTSTADT
THÜRINGEN
Tourismus & Marketing

»Martin Luther in Erfurt« – Stadtführung in historischem Gewand

Wege zu Luther

Reisen durch Luthers Land in Mitteldeutschland

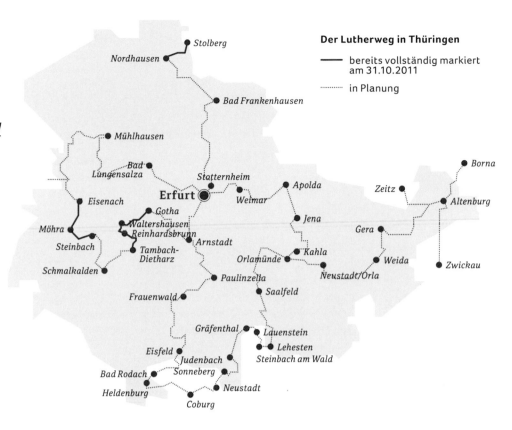

»Wege zu Luther«: Sie laden ein, Luther, seine Lebensorte, seine Zeit und eine für die deutsche und europäische Geschichte herausragende Kulturlandschaft kennenzulernen. Eisenach, Erfurt, Magdeburg, Schmalkalden, Torgau, Weimar und die beiden Lutherstädte Eisleben und Wittenberg beherbergen die bedeutendsten Lutherstätten, in denen Leben und Wirken des Reformators in der unmittelbaren Begegnung mit den originalen Schauplätzen erfahrbar werden. Die »Wege« führen auf die Wartburg und in das Lutherhaus nach Eisenach, in das Augustinerkloster nach Erfurt, auf die Wilhelmsburg nach Schmalkalden, in Luthers Geburts- und Sterbehaus nach Eisleben, in die Johanniskirche nach Magdeburg, auf Schloss Hartenfels nach Torgau, in das Lutherhaus und das Melanchthonhaus nach Wittenberg und in die Stadtkirche St. Peter und Paul nach Weimar. Dort erwarten den Besucher Dauerausstellungen zu vielfältigen Aspekten der Reformation, aber auch Sonderausstellungen, kompetente Führungen, Konzerte, Vorträge, Tagungen und vieles mehr.

Die im Jahr 2000 gegründete kulturtouristische Initiative basiert auf der kontinuierlichen und länderübergreifenden Zusammenarbeit der Vertreter der Lutherstädte und Lutherstätten in Mitteldeutschland. Die Hauptaufgabe liegt in der Profilierung von Mitteldeutschland als einer gemeinsamen Kulturland-

schaft. »Wege zu Luther« bzw. »Routes to Luther« ist heute eine weltweit eingeführte Marke, wird z.B. von der Deutschen Zentrale für Tourismus (DZT) in New York für »Religious Travels to Germany« eingesetzt und erfährt auch in der Fachliteratur zum spirituellen Reisen zunehmende Beachtung als erfolgreiches, länderübergreifendes Netzwerk.

Mit der Broschüre »Wege zu Luther« speziell für Individualgäste und der »Luthermappe«, die besonders für die Anforderungen von Reiseveranstaltern entwickelt wurde, sowie der Website www.wege-zu-luther.de hält der Verein umfassende Informationen über die Lutherstädte in Mitteldeutschland bereit. Im Hinblick auf das Reformationsjubiläum 2017 und darüber hinaus bietet der Verein somit eine ideale Grundlage für die Gestaltung von Reisen auf den Spuren des großen Reformators Martin Luther. Informationen erhalten Sie über die Geschäftsstelle:

▶ Wege zu Luther e. V.
c/o Erfurt Tourismus und Marketing GmbH
Benediktsplatz 1,
99084 Erfurt
Tel.: +49 361 66 40 - 0
Fax: +49 361 66 40 - 290
service@erfurt-tourismus.de
www.wege-zu-luther.de

Lutherweg in Thüringen

Bis zum Reformationsjubiläum 2017 soll ein System von Wanderwegen durch Mitteldeutschland entstehen, auf denen man die Spuren des Reformators verfolgen kann. Erfurt wird hierbei als häufiger Aufenthaltsort einer der Knotenpunkte des Lutherweges in Thüringen werden.

▶ Infos zu Routen, Übernachtungen etc. unter: www.lutherweg-thueringen.de/

Petra Bahr |
Klaus-Martin Bresgott |
Hannes Langbein

Kulturkirchen

Eine Reise durch Deutschland

200 Seiten | 15 x 21 cm
mit zahlr. Abb. | Hardcover

ISBN 978-3-374-02906-8

€ 19,80 [D]

Alle Kirchen sind immer auch kulturelle Orte – und manche schöpfen daraus ihre geistliche Kraft: Kulturkirchen, die im Miteinander von Kirche und Kultur neue Freiräume finden. Ihre Besonderheit ist die Vielfalt der eingeschlagenen Wege, ihre Gemeinsamkeit die Weite des Horizonts. Ihnen haben die Kulturbeauftragte des Rates der EKD Petra Bahr, der Kunsthistoriker Klaus-Martin Bresgott und der Theologe Hannes Langbein ein Buch gewidmet, das auf der Suche nach beispielhaften Modellen kirchlicher Kulturarbeit geschichtsträchtige Regionen, leidenschaftliche Menschen und außergewöhnliche Ideen für ein kreatives Christentum findet.

Entstanden sind 32 bebilderte Essays: Reiseberichte von einer Tour d'horizon entlang der Haupt- und Nebenwege städtischer und ländlicher Regionen, die all diejenigen zum Mitreisen einladen, die ein Auge für die Schönheit der Landschaften und ihre geistlich-kulturellen Zentren haben.

EVANGELISCHE VERLAGSANSTALT
Leipzig www.eva-leipzig.de

Telefon 0341 7114116 · vertrieb@eva-leipzig.de

www.luther2017.de
www.luther-in-thueringen.de

Impressum

**ERFURT
ORTE DER REFORMATION**
Journal 3

Herausgegeben von
Steffen Raßloff, Volker Leppin
und Thomas A. Seidel

Die Deutsche Bibliothek verzeichnet diese Publikation in der Deutschen Nationalbibliographie; detaillierte bibliographische Daten sind im Internet über http://dnb.ddb.de abrufbar.

© 2012 by Evangelische Verlagsanstalt GmbH · Leipzig
Printed in EU · H 7521

IDEE ZUR JOURNALSERIE
Thomas Maess, Publizist, und Johannes Schilling, Reformationshistoriker

GRUNDKONZEPTION DER JOURNALE
Burkhard Weitz, chrismon-Redakteur

COVERENTWURF
NORDSONNE IDENTITY, Berlin

COVERBILD
Augustinerkloster Erfurt

LAYOUT
NORDSONNE IDENTITY, Berlin

BILDREDAKTION
Steffen Raßloff

ISBN 978-3-374-03000-2
www.eva-leipzig.de

DR. STEFFEN RASSLOFF
Herausgeber und verantwortlicher Redakteur

PROF. DR. VOLKER LEPPIN
Herausgeber

DR. THOMAS A. SEIDEL
Herausgeber

Bildnachweis

Augustinerkloster Erfurt: S. 23, 26, 28, 29, 44, 47, 67
Evangelische Kirche in Mitteldeutschland: S. 73
Evangelischer Pressedienst: S. 42
iStockphoto: S. 32, 33, 56, 57
Katholisches Bistum Erfurt: S. 75
Barbara Neumann: S. 4, 6, 8, 10, 12, 17, 18, 19, 20, 21, 24, 27, 30, 32, 33, 39, 41, 43, 48, 53, 58, 61, 62, 64, 68, 70, 72, 74, 76, 78
Gunda Niemann-Stirnemann: S. 81
NORDSONNE IDENTITY: S. 15, 76, 77
Shutterstock: U2, S. 73
Stadtarchiv Erfurt: S. 51, 54
Stadtmuseum Erfurt: S. 25, 31, 34, 36, 37, 40, 49
Stadtverwaltung Erfurt: S. 11, 20, 22, 38, 56
Thüringer Ministerium für Bildung, Wissenschaft und Kultur: S. 1